새가족반 성경공부 교재

새로운 시작

DSU 사단법인다세움
Daseum Incorporated Association

새가족반 교재 | 새로운 시작

2006년 4월 18일 1판 1쇄 발행
2009년 1월 18일 1판 2쇄 발행
2010년 10월 15일 1판 3쇄 발행
2015년 11월 5일 1판 4쇄 발행
발행 | 심수명
저자 | 심수명
기획 및 교정 | 유근준
편집 | 최정민
발행처 | 도서출판 다세움
서울시 강서구 수명로2길 88
Tel. 02-2601-7423~4
Fax. 02-2601-7419
Home Page : www.daseum.org
총판 | 비전북
경기도 고양시 일산서구 덕이동 1347-7
Tel. 031-907-3927
Fax. 031-905-3927

정가 5,000원

ISBN 978-89-92750-34-9

목 차

당신과의 만남을 기뻐하며…

태초부터 계획되었던 당신과의 만남이 이제 드디어 이루어져서 얼마나 기쁘고 감격스러운지요! 하나님은 우리가 만날 날을 오래 오래 계획하고 기다려 오셨습니다.

교회는 하나님이 이끌지 아니하시면 자기 힘으로는 아무도 나올 수 없는 은혜의 자리입니다. 그러므로 교회에 나오신 형제 · 자매 여러분들을 만나게 된 것은 전적으로 하나님의 축복이요, 은혜입니다. 누구나 교회에 처음 발을 들여놓기가 쉬운 일은 아닙니다. 뿐만 아니라 오랫동안 다니던 교회를 떠나 저희 교회로 옮기신 분도 있을 것입니다. 이 모두가 참으로 쉬운 일은 아닙니다. 그러므로 여러분의 결단에 대해 깊은 감사와 존경을 드립니다. 또한 새가족 모임에 나오신 그 귀한 마음에 고마움을 드리고 싶습니다.

새가족 모임은 처음 교회에 나오신 분들과 타교회에서 저희 교회에 오신 분들을 도와드리기 위해 마련된 시간입니다. 이 과정을 마치게 되면 막연히 예배만 출석하는 분들에 비해 빠르게 교회에 적응할 수 있을 것입니다. 교회에 나오기 시작하면 무엇보다 왜 교회에 다녀야 하는지, 신앙생활은 어떻게 하면 잘 할 수 있는지, 자신이 출석하는 교회가 어떠한 교회인지 등을 정확히 알아야 합니다. 가장의 생활철학에 따라 가정의 분위기나 생활양식이 다르듯이 교회도 담임목사의 목회철학에 따라 교회의 체질이 다소 차이가 날 수 있습니다.

그러므로 새로 등록하신 분들은 가능한 한 빨리 교회의 특성을 파악하여 적응해 가시면 교회 생활과 신앙발전에 큰 도움이 될 것입니다. 그렇지 아니하면 일 년을 다녀도 손님같은 기분을 떨쳐버리지 못할지 모릅니다. 새가족 모임은 지금까지 말씀드린 이러한 점을 돕기 위해 늘 문을 열어 놓고 기다리고 있습니다.

이 프로그램을 잘 이용하시면 복음에 대해 다시 정리할 수 있고 구원의 확신을 얻을 수 있습니다. 그리고 신앙생활에서 일어날 수 있는 여러 가지 문제를 치료할 수 있고 또 교회를 좀 더 깊게 이해할 수 있습니다. 뿐만 아니라 교회를 사랑하는 마음으로 여러 성도들과 함께 아름다운 교제를 나눌 수 있습니다. 한 번 나오시면 빠지지 않도록 세심한 신경을 써야 할 것입니다. 그리고 이 모임을 마치는 즉시 교회 각종 모임에 들어가셔서 더 깊은 사랑의 교제를 나누실 수 있기를 바랍니다.

아무쪼록 새가족 모임을 통해서 하나님의 은혜를 충만히 누리시기를 바라며 당신을 만나게 해주신 하나님께 다시 한번 감사를 드립니다.

1강
나는 누구인가

시작하며

어떤 사람이 밤늦게 공원 벤치에 홀로 앉아 사색에 잠겨 있었습니다. 자정이 지나 그곳을 순찰하던 경관이 수상하게 여겨 물었습니다.

"당신은 누구요? 대체 뭘 하는 사람이요?"

그러나 대답이 없었습니다. 답답해서 여러차례 물으니 그는 마침내 일어나 이렇게 말했습니다.

"나도 바로 그것을 알고 싶소! 나는 누구입니까? 대체 나는 뭘 하는 사람입니까?"

그는 바로 세계적인 철학자 쇼펜하우어였습니다.

당신은 어떻습니까? "나는 누구이며(who), 어디로 가고 있는가(where)? 나는 왜 이 세상에서 살고 있으며(why), 어떻게 살아야 하는가(how)?" 이런 문제들에 관해 깊이 생각해 보신 적이 있습니까?

이 질문들에 대해 확신을 갖고 답을 할 수 있는 사람은 행복한 사람입니다.

1. 인생을 살아가는 이유와 목적

당신은 이 세상에 왜 태어났으며 당신이 보기에 인생의 목적은 무엇이라고 생각하는지요? 이러한 질문에 대해 성경을 중심으로 살펴봅시다.

1) 하나님께서는 당신을 창조하셨습니다.

하나님께서는 당신을 창조하시되 이 세상에서 가장 아름다운 존재로 만드셨습니다. 당신은 하나님의 형상대로 지음 받았기 때문에 너무도 귀중한 존재인 것입니다.

♥ 야곱아 너를 창조하신 여호와께서 지금 말씀하시느니라 이스라엘아 너를 지으신 이가 말씀하시느니라 너는 두려워하지 말라 내가 너를 구속하였고 내가 너를 지명하여 불렀나니 너는 내 것이라(이사야 43장 1절)

2) 당신은 하나님의 사랑을 입은 자녀입니다.

모든 사람들은 끊임없이 사랑을 받고 싶은 욕구를 가지고 있습니다. 그런데 이 사랑받고 싶은 욕구를 누가 다 채워줄 수 있겠습니까? 그것은 오직 한 분 우리 하나님이십니다. 그분은 사랑이 풍성한 하나님이시므로 당신을 너무나도 사랑하셔서 자신을 내어주셨습니다.

♥ 너의 하나님 여호와가 너의 가운데에 계시니 그는 구원을 베푸실 전능자이시라 그가 너로 말미암아 기쁨을 이기지 못하시며 너를 잠잠히 사랑하시며 너로 말미암아 즐거이 부르며 기뻐하시리라 하리라(스바냐 3장 17절)

3) 당신은 특별한 존재로 선택되었습니다.

이 세상에서 당신과 같은 존재는 단 한 명도 없습니다. 수많은 사람들 중에 나와 똑같은 사람이 없다는 사실은 나라는 존재가 너무도 귀중하고 특별하며 유일무이한 존재라는 사실을 말해줍니다.

♥ 곧 창세 전에 그리스도 안에서 우리를 택하사 우리로 사랑 안에서 그 앞에 거룩하고 흠이 없게 하시려고 그 기쁘신 뜻대로 우리를 예정하사 예수 그리스도로 말미암아 자기의 아들들이 되게 하셨으니(에베소서 1장 4-5절)

4) 당신은 이 세상을 다스릴 권한과 책임이 있습니다.

사람은 이 세상에서 생육하고 번성하여 충만하고 이 세상을 책임 있게 관리할 의무가 있습니다. 하나님께서는 당신이 이 세상의 모든 피조물들을 다스리도록 권한을 주셨을 뿐만 아니라 관리자로서의 책임도 함께 주셨습니다. 그러므로 당신은 모든 자연만물을 아름답게 관리할 의무가 있습니다.

♥ 하나님이 자기 형상 곧 하나님의 형상대로 사람을 창조하시되 남자와 여자를 창조하시고 하나님이 그들에게 복을 주시며 하나님이 그들에게 이르시되 생육하고 번성하여 땅에 충만하라, 땅을 정복하라, 바다의 물고기와 하늘의 새와 땅에 움직이는 모든 생물을 다스리라 하시니라(창세기 1장 27-28절)

2. 삶의 어려움

대부분의 사람들은 행복한 삶을 누리지 못하고 있습니다. 무엇 때문에 사람들은 풍성한 삶을 누리지 못할까요?

1) 하나님 중심이 아닌 내 중심으로 살기 때문입니다.

당신은 가전제품이나 컴퓨터를 사용해 보신 적이 있을 것입니다. 모든 제품에는 나름대로의 사용법이 있기 때문에 제작자의 설계대로 사용하지 않으면 제품은 고장이 나게 마련입니다. 마찬가지로 인생도 창조자이신 하나님의 법과 뜻대로 살지 아니하면 삶 자체가 파괴될 수 밖에 없습니다.

하나님께서는 우주와 자연세계가 일정한 법칙과 질서에 따라 유지되고 보존되도록 하셨습니다. 인간도 마찬가지입니다. 인간은 영과 육을 가진 존재로서 영의 원리에 따라 살 때 육도 행복하게 되어 있습니다. 이러한 원리는 인간관계에도 적용되어 인간은 하나님의 창조 법칙과 원리대로 살 때 가장 행복한 삶을 살 수 있습니다.

그런데 우리는 이런 슬로건을 외치지 않습니까?

- 최고의 것을 찾아라. 네 자신이 원하는 것을 하라.
- 하나님과 상관없이 네가 좋다고 생각하면 행하라.
- 네 삶이니까 무엇이나 원하는 대로 즐겨라.

사람들은 본능적으로 자신이 최고가 되고자 하는 욕망이 있습니다. 우리들은 하나님께서 세우신 삶의 원칙대로 살기보다는 내 자신의 판단대로 내가 원하는 일만 하기를 원합니다. 이것이 바로 하나님이 없는 삶을 사는 것이며 성경에서는 이것을 죄라고 합니다.

♥ 또한 그들이 마음에 하나님 두기를 싫어하매 하나님께서 그들을 그 상실한 마음대로 내버려 두사 합당하지 못한 일을 하게 하셨으니 곧 모든 불의, 추악, 탐욕, 악의가 가득한 자요 시기, 살인, 분쟁, 사기, 악독이 가득한 자요 수군수군하는 자요 비방하는 자요 하나님께서 미워하시는 자요 능욕하는 자요 교만한 자요 자랑하는 자요 악을 도모하는 자요 부모를 거역하는 자요 우매한 자요 배약하는 자요 무정한 자요 무자비한 자라(로마서 1장 28절-31절)

2) 죄로 인해 우리와 하나님과의 관계가 멀어졌기 때문입니다.

죄를 범한 최초의 사람, 아담은 하나님의 음성을 듣고도 하나님을 회피했습니다. 이렇듯 사람이 죄를 범함으로 인해 하나님과의 교제가 단절되었고, 하나님과 멀어지게 되었습니다.

♥ 그들이 그 날 바람이 불 때 동산에 거니시는 여호와 하나님의 소리를 듣고 아담과 그의 아내가 여호와 하나님의 낯을 피하여 동산 나무 사이에 숨은지라(창세기 3장 8절)

3) 하나님과의 관계가 파괴됨으로써 삶의 균형을 잃어버렸기 때문입니다.

우리 자신과 하나님과의 관계가 파괴됨으로 인해 우리 삶의 모든 영역 - 결혼, 직업, 인간관계, 경제 분야 등 - 에서 문제가 생겼습니다. 죄의 결과 하나님이 원하시는 대로 살지도 못하고 내가 원하는 대로 살아갈 수도 없습니다. 그래서 사람들은 문제에 직면하게 되면 하나님을 찾기 전에 본능적으로 자신이 문제를 해결하려고 여러 가지 방법으로 노력합니다.

아래의 방법은 잘못된 해결책이며, 오히려 하나님과의 관계가 멀어져 갈 뿐입니다. 당신의 생각은 어떠하십니까?

- 내 어머니와 아버지가 그리스도인이기 때문에 난 괜찮다.
- 무엇을 믿으나 상관없다. 진실하기만 하면 된다.
- 나는 모든 나쁜 버릇을 포기하겠다(도덕적으로 살겠다).
- 정말로 열심히 일해서 목표를 성취하겠다.
- 나는 종교적인 사람이며 교회에 출석하고 있다.

♥ 어떤 길은 사람이 보기에 바르나 필경은 사망의 길이니라(잠언 14장 12절)

3. 해결책

그렇다면 삶의 여러가지 어려움들에 직면했을 때 사람들이 취하는 해결책은 무엇인지 살펴봅시다.

1) 일반적인 접근들

죄로 인하여 하나님과의 관계가 단절된 사람들은 잃어버린 영원한 생명을 회복하려고(하나님께 도달하려고) 열심히 자신의 힘으로 다리를 놓고 있습니다. 그러나 이런 모든 노력에 대하여 성경의 답변은 다음과 같습니다.

착한 일(선행)

♥ 우리를 구원하시되 우리가 행한 바 의로운 행위로 말미암지 아니하고 오직 그의 긍휼하심을 따라 중생의 씻음과 성령의 새롭게 하심으로 하셨나니(디도서 3:5)

철학 또는 지식

♥ 하나님의 지혜에 있어서는 이 세상이 자기 지혜로 하나님을 알지 못하므로 하나님께서 전도의 미련한 것으로 믿는 자들을 구원하시기를 기뻐하셨도다(고린도전서 1:21)

돈, 권세

♥ 돈을 사랑함이 일만 악의 뿌리가 되나니 이것을 탐내는 자들은 미혹을 받아 믿음에서 떠나 많은 근심으로써 자기를 찔렀도다(디모데전서 6:10)

다른 종교

♥ 다른 이로써는 구원을 받을 수 없나니 천하 사람 중에 구원을 받을 만한 다른 이름을 우리에게 주신 일이 없음이라 하였더라(사도행전 4:12)

이와 같이 인간은 스스로의 힘으로 구원의 다리를 놓을 수가 없습니다. 그래서 하나님이 인간의 몸으로 오셔서 그 자신이 직접 다리를 놓으셔야만 했습니다.

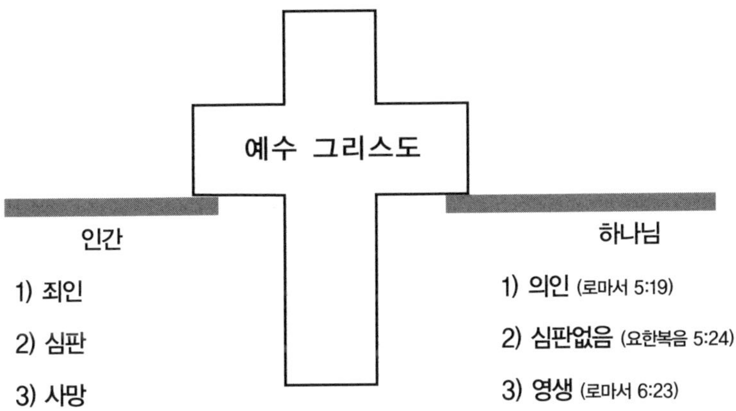

♥ 한 사람이 순종하지 아니함으로 많은 사람이 죄인 된 것 같이 한 사람이 순종하심으로 많은 사람이 의인이 되리라(로마서 5:19)

♥ 내가 진실로 진실로 너희에게 이르노니 내 말을 듣고 또 나 보내신 이를 믿는 자는 영생을 얻었고 심판에 이르지 아니하나니 사망에서 생명으로 옮겼느니라(요한복음 5:24)

♥ 죄의 삯은 사망이요 하나님의 은사는 그리스도 예수 우리 주 안에 있는 영생이니라(로마서 6:23)

2) 진정한 해결책

하나님의 자녀로 다시 회복되고 복된 삶을 누리며 사는 비결은 무엇입니까? 그것은 간단합니다. 하나님과 당신 사이의 교제를 다시 회복하고 가로막힌 죄의 문제를 해결하면 됩니다. 하나님께서는 자신이 세상에 오셔서 사람들이 하나님께로 갈 수 있는 길을 마련하셨습니다. 다른 방법이 있었더라면 하나님께서는 예수님을 세상에 보내시지 않았을 것입니다. 예수님만이 하나님께로 가는 유일한 길입니다.

♥ 예수께서 이르시되 내가 곧 길이요 진리요 생명이니 나로 말미암지 않고는 아버지께로 올 자가 없느니라(요한복음 14장 6절)

예수님께서는 우리의 죄 문제를 완전히 해결하셨습니다. 예수님만이 나의 모든 죄를 사해 주신다는 믿음을 가지면 나의 모든 죄는 용서되어 완전히 해결될 뿐 아니라 영생을 선물로 얻습니다.

♥ 죄의 삯은 사망이요 하나님의 은사는 그리스도 예수 우리 주 안에 있는 영생이니라(로마서 6장 23절)

예수님께서 십자가에 죽으심으로 하나님과의 관계가 회복되었습니다. 하나님과의 관계 회복은 죄 없는 예수님의 십자가의 죽음으로만 가능합니다. 하나님과 사람 사이에 유일한 중보자는 예수 그리스도 뿐입니다.

♥ 하나님은 한 분이시요 또 하나님과 사람 사이에 중보자도 한 분이시니 곧 사람이신 그리스도 예수라(디모데전서 2장 5절)

* 하나님께서는 나와 특별히 개인적으로 만나고 싶어 하시며, 지금도 변함없이 기다리고 계십니다. 당신은 하나님이 하신 일들을 받아들일 수 있습니까? 그리고 당신은 하나님의 자녀가 되시기를 원하십니까? 당신의 생각은 어떠하십니까?

마치며

'전쟁과 평화', '안나 까레리나'의 작가인 레오 톨스토이는 1870년 '고백'이라는 책 속에서 자신의 삶에 대해 다음과 같이 이야기하고 있습니다.

그는 어린 시절 기독교를 거부했습니다. 그리고 대학을 떠나면서 그는 인생에서 얻을 수 있는 최대한의 쾌락을 누리기로 했습니다. 그래서 모스크바와 페테르스부르그의 사교계에 진출하여 술과 도박, 여자에 빠지기도 했습니다. 한때는 돈 버는 일에 야망을 품어 부모님의 유산과 자신이 쓴 책으로부터 많은 돈을 벌기도 했습니다. 또한 브리태니커 백과사전에서 "세계 문학 사상 가장 위대한 두세 권의 소설 중 하나"라고 불리는 작품을 쓸 만큼 성공과 명예, 사회적 지위를 추구했었고 실제로 그는 이 모든 것을 성취했습니다. 1862년 결혼하여 상냥하고 사랑이 많은 아내와 13명의 아이들을 갖게 되는 등, 그는 그의 모든 야망을 이루었으며 완벽한 행복으로 보이는 것들로 둘러 싸여 있었습니다.

그러나 결국 한 가지 질문이 그를 자살 직전까지 몰고 갔습니다. 그 질문은 '죽음이 나를 기다리고 있으며 그 죽음을 피할 수 없는 내 삶이 무슨 의미가 있을까?'라는 것이었습니다.

그는 그 답을 찾기 위해 과학과 철학의 모든 분야를 연구했습니다. 그 연구를 통해 '내가 왜 사는가?'라는 질문에 대해 찾을 수 있었던 유일한 답은 '무한한 공간, 무한한 시간 안에서 무한히 작은 입자들이 복잡하게 변하고 있다.'였습니다. 그러나 이 해답은 그의 영혼을 만족시켜주지 못했습니다.

그런데 그는 러시아의 농부들이 기독교신앙을 통해 이 질문들에 대한 대답을 이미 알고 있었다는 것을 발견했습니다. 오직 예수 그리스도 안에서만이 그 답을 찾을 수 있다는 것을 알았습니다. 그래서 그는 마침내 영생이신 예수님을 믿고 만나며 변화된 새 삶을 살게 되었습니다.

* 당신은 어떠하십니까? 예수 그리스도만이 내 삶의 답이 될 수 있음을 믿으십니까?

* 본 강을 통해 새롭게 배운 것이 있다면 무엇인지요?

2강
성경이란 무엇인가

시작하며

존 워너메이커는 유명한 실업가로 세계 최대의 백화점을 운영하였으며 나중에는 미국 체신부 장관까지 역임한 사람입니다. 그는 성경을 사랑하고 성경을 통하여 성공한 인물로도 잘 알려져 있습니다. 그가 60번째 생일을 맞았을 때 낡은 성경책을 많은 사람들에게 보여주며 이런 고백을 했습니다.

"저는 투자하는 것마다 많은 이윤을 남겼습니다. 그러나 저의 투자 중 가장 큰성공은 열두 살 때 2달러 50센트(3,000원 정도)를 주고 산 빨간 가죽 성경입니다. 그 이유는 이 성경책이 현재의 나를 만들었기 때문입니다. 이 낡은 성경을 산 것이 제가 한 가장 위대한 투자였음을 두고두고 확신합니다."

여러분에게 있어서 지금까지 가장 가치 있었던 투자는 무엇입니까?

1800년대 후반 미국의 해군 장교인 메슈 폰테인 모리는 어느 날 몸이 불편하여 집에서 쉬면서 큰 아들을 불러 성경을 읽어 달라고 부탁했습니다. 그의 침대 옆에서 아들이 읽어준 성경은 시편 8편 말씀이었습니다.

"공중의 새와 바다의 물고기와 바닷길에 다니는 것이니이다"(시편 8:8)

그는 '바다의 길' 이라는 구절에 큰 충격을 받았습니다. 당시에 지상 지도는 있었지만 아직 '바닷길' 에 대한 지도는 없을 때였습니다. 그는 흥분하여 "하나님이 바다에 길이 있다고 하셨으니 틀림없이 길이 있을 것이다. 자, 나하고 찾으러 가자!"하고 아들에게 말했습니다. 주위 사람들은 눈에 보이지도 않는 길을 어떻게 찾느냐며 만류했습니다. 그러나 그는 성경에 기록되어 있으니 분명히 있다고 믿으며 '바닷길' 을 찾아 나섰습니다. 마침내 바닷길을 발견했고 인류최초로 '해양 지도' 를 만들게 되었습니다. 그는 해양 물리학에 관한 값진 저서들을 써서 현대 항해술의 아버지로 불리게 되었습니다.

'성경이 얼마나 놀라운 책인가?' 라는 질문에 답하기 위한 자료는 얼마든지 있습니다. 그러나 사람들은 성경책이 지닌 초자연적인 능력을 과소평가하는데, 그것은 성경을 잘 모르기 때문입니다. 성경을 많이 비판하는 사람일수록 성경을 잘 모르는 사람입니다. 성경을 모르는 만큼 성경은 작아 보이게 마련입니다.

성경은 하나님께서 인간에게 주신 가장 참되고 유일한 진리입니다. 하나님께서 그 성경을 우리에게 주시기 위해 1,600여년 동안 40여명의 사람들을 동원하셔서 기록하셨습니다. 그리고 지난 2,400년 동안 기적적으로 보존해 주셨습니다. 얼마나 많은 황제들과 폭군들이 성경을 영원히 매장시키려고 했는지 모릅니다. 그러나 그 때마다 성경은 다시 살아났습니다. 이 놀라운 능력을 지닌 성경이 어떤 책인지 다함께 살펴봅시다.

1. 성경이란?

신앙생활의 근본은 단연 하나님의 말씀, 즉 성경입니다. 이 땅의 모든 사람은 성경을 통해 구원의 길을 발견하고, 진리를 깨달으며, 생명력 있는 삶을 살 수 있습니다. 종교개혁가들이 외쳤던 세 가지 유명한 표어가 오직 은혜(sola gracia), 오직 믿음(sola fide), 오직 말씀(sola scriptura)이었던 것처럼 하나님의 말씀은 기독교의 정수(essence) 그 자체입니다.

성경은 성서(聖書)라고도 불리웁니다. 성경이라는 뜻의 영어 'The Bible'은 '두루마리, 책'이라는 의미의 그리스어 '비블리온(biblion)'에서 유래되었습니다. 성경 속에는 하나님의 말씀을 나타내는 표현이 다양하게 등장합니다. 어떤 표현들이 있는지 다음 구절들을 찾아서 확인해 보십시오.

♥ 오직 여호와의 율법을 즐거워하여 그의 율법을 주야로 묵상하는도다(시편 1:2)

♥ 범사에 많으니 우선은 그들이 하나님의 말씀을 맡았음이니라(로마서 3:2)

2. 성경의 전달 과정

오늘날의 성경은 다양한 전달 과정을 통해 우리에게 주어졌습니다. 오랜 기간 하나님의 오묘하신 섭리와 역사하심을 통해 완벽한 하나님의 말씀으로 우리 손에 들려진 것입니다.

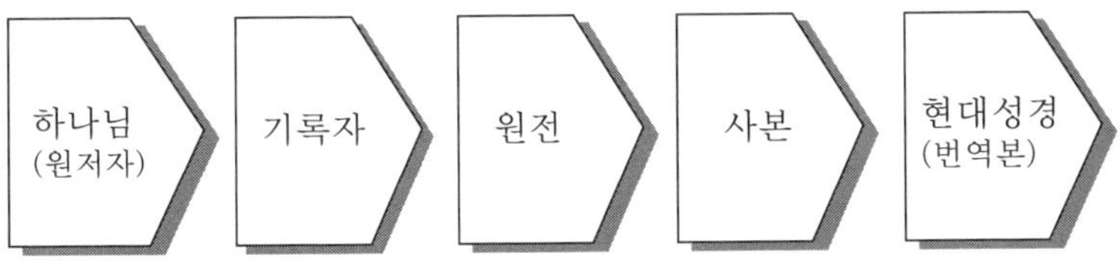

① 성경은 말 그대로 하나님의 말씀입니다. 그러므로 저자는 하나님이십니다.

② 성경은 1600여 년에 걸쳐(BC 15세기 ~ AD 1세기) 성령의 영감과 감동을 받은 40여 명의 필자에 의해 기록되었습니다.

③ 최초로 기록된 원전은 현재 존재하지 않습니다.

④ 다양한 복사본을 통해 하나님의 말씀이 온전히 보존되어 내려왔습니다.

⑤ 권위있는 복사본을 종합해 오늘날의 언어로 번역한 것이 우리가 보는 성경입니다

⑥ 주후 1,000년 간 10여 개의 언어로밖에 번역되지 않았던 성경은 현재 2,300개 언어로 번역되어 전세계적으로 널리 보급되고 있습니다.

3. 성경의 저자

성경은 다양한 배경을 가진 사람들을 통해 다양한 형식으로 기록되었습니다. 이렇듯 다양한 기록임에도 불구하고 성경은 놀라울 정도로 일관성을 지니고 있고 일관된 메시지가 흐르고 있습니다.

이는 궁극적인 저자가 하나님이시기 때문입니다. 성경의 표면적인 저자는 하나님의 감동을 입은 사람들입니다. 그러나 성경의 실제 저자는 하나님이십니다.

♥ 예언은 언제든지 사람의 뜻으로 낸 것이 아니요 오직 성령의 감동하심을 받은 사람들이 하나님께 받아 말한 것임이라(베드로후서 1:21)

♥ 모든 성경은 하나님의 감동으로 된 것으로 교훈과 책망과 바르게 함과 의로 교육하기에 유익하니(디모데후서 3:16)

4. 성경의 통일성

주제의 일관성

성경이 진리임을 입증할 수 있는 특성 가운데 하나가 일관성입니다. 성경 전체는 하나의 주제를 중심으로 쓰여졌습니다. 1천 년이 넘는 기간 동안 40여 명에 의해 세 가지 언어로 쓰여진 성경 66권이 한결같이 표현하는 내용은 인간을 구원하는 하나님의 사랑과 은총입니다.

기록자들은 서로 다른 상황에서 다양한 문학 양식으로 성경을 기록했습니다. 그럼에도 성경은 창세기 3장 15절의 "여자의 후손"으로부터 요한계시록 22장 29절의 "주 예수여 오시옵소서"에 이르기까지 예수 그리스도를 일관되게 증거하고 있습니다. 또한 성경은 다양한 내용과 소재들을 다루고 있음에도 상호 모순이 없습니다. 다채로운 문체와 양식을 띠지만 신구약 모든 성경이 입체적으로 조화를 이루며 신비할 정도로 일치를 보이고 있습니다. 그런 의미에서 성경은 탁월한 통일성을 지닌 책입니다.

구조의 일관성

어떤 학자는 "신약은 구약 안에 감추어져 있고, 구약은 신약 안에서 밝히 드러났다"고 말했습니다. 그러므로 신구약 성경을 분리하여 생각해선 안 됩니다. 구약의 하나님과 신약의 하나님은 동일하십니다.

5. 신구약 성경의 주제와 차이점

구약은 예수그리스도의 오심에 대한 예언서입니다.

너희가 성경에서 영생을 얻는 줄 생각하고 성경을 연구하거니와 이 성경이 곧 내게 대하여 증언하는 것이니라(요한복음 5:39)

신약은 예수 그리스도가 오심으로써 완성된 예언에 대한 책입니다.

♥ 옛적에 선지자들을 통하여 여러 부분과 여러 모양으로 우리 조상들에게 말씀하신 하나님이 이 모든 날 마지막에는 아들을 통하여 우리에게 말씀하셨으니 이 아들을 만유의 상속자로 세우시고 또 그로 말미암아 모든 세계를 지으셨느니라
(히브리서 1:1-2)

6. 성경의 목적

성경의 기록 목적은 무엇인지 살펴봅시다.

예수 그리스도를 믿게 하는 것

♥ 예수께서 제자들 앞에서 이 책에 기록되지 아니한 다른 표적도 많이 행하셨으나 오직 이것을 기록함은 너희로 예수께서 하나님의 아들 그리스도이심을 믿게 하려 함이요 또 너희로 믿고 그 이름을 힘입어 생명을 얻게 하려 함이니라(요한복음 20:30-31)

온전케 하는 것

♥ 모든 성경은 하나님의 감동으로 된 것으로 교훈과 책망과 바르게 함과 의로 교육하기에 유익하니 이는 하나님의 사람으로 온전하게 하며 모든 선한 일을 행할 능력을 갖추게 하려 함이라(디모데후서 3:16-17)

7. 성경의 기록연대

다음의 표는 구약과 신약의 기록연대와 정경화 과정을 보여주고 있습니다.

1) 구약

* 구약의 정경화 과정

① 구전시대 – 하나님의 말씀이 입에서 입으로 전해지던 시대

② 문서시대 – 말씀이 문자로 기록되기 시작한 시대

③ 편집시대 – 여러 사본들을 모아서 책으로 편집하기 시작한 시대

④ 율법시대 – 율법서(모세오경)가 회당에서 책으로 읽혀지던 시대

⑤ 예언시대 – 많은 예언서들이 기록되고 편집되던 시대

⑥ 정경완성 – 히브리어 말씀을 헬라어로 번역(70인역)하며 39권으로 확정

2) 신약

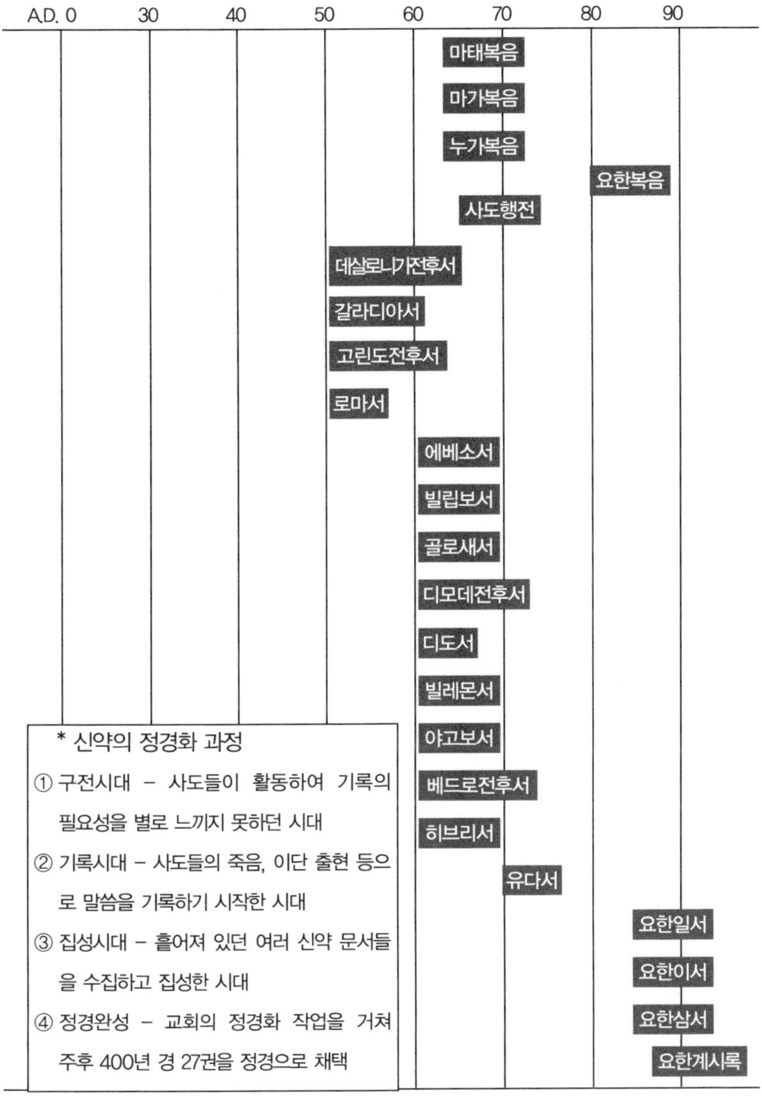

* 신약의 정경화 과정

① 구전시대 – 사도들이 활동하여 기록의 필요성을 별로 느끼지 못하던 시대

② 기록시대 – 사도들의 죽음, 이단 출현 등으로 말씀을 기록하기 시작한 시대

③ 집성시대 – 흩어져 있던 여러 신약 문서들을 수집하고 집성한 시대

④ 정경완성 – 교회의 정경화 작업을 거쳐 주후 400년 경 27권을 정경으로 채택

8. 성경의 구조

성경은 크게 신약과 구약의 두 부분으로 되어 있습니다. 여기서 "약"은 "언약", "협약", "계약"이라는 뜻입니다.

1) 성경의 기본적 이해

성경은 구약 39권과 신약 27권으로 구성되어 있습니다. 성경의 총 장수는 1,189장(구약 : 929장, 신약: 260장)이며, 총 31,173절로 이루어져 있습니다. 성경은 히브리어, 아람어, 헬라어의 세 가지 언어로 기록되어 있습니다. 구약 성경은 대부분 히브리어로, 신약 성경은 헬라어로 기록되어 있습니다.

성경은 본래 현재와 같은 장과 절로 분리되어 있지 않았습니다. 완벽하게 절을 구분하여 출판한 최초의 성경은 1560년의 제네바 성경으로 알려져 있습니다. 이러한 구분은 성경을 쉽게 이해하는데 도움이 됩니다. 그렇지만 분리된 장이더라도 앞뒤 장과 연결하여 읽는 것이 더 바람직합니다.

2) 성경의 기본적 구분

구 약

구약은 창세로부터 예수님의 성육신 이전까지를 기록하고 있습니다. 예수님은 구약을 "모세의 율법과 선지자의 글과 시편"(누가복음 24:44)이라고 말씀하셨습니다. 성경에서는 구약을 "율법과 선지자"(마태복음 22:40)로 더 간략하게 언급하기도 합니다. 구약은 일반적으로 율법서, 역사서, 시가서, 선지서(예언서)로 구분합니다.

모세오경	역사서	시문서	대선지서	소선지서
창세기 ~신명기	여호수아 ~에스더	욥기 ~아가	이사야 ~다니엘	호세아 ~말라기
5	12	5	5	12

· **모세오경**(율법서 5권) ⇒ 창세기, 출애굽기, 레위기, 민수기, 신명기

구약성경의 처음 다섯 권은 율법서라고도 합니다. 모세오경에는 우주 만물의 시작과 인간의 초기 역사가 등장합니다. 또한 하나님의 선택받은 이스라엘 백성이 지켜야 할 규범을 소개하고 있습니다. 율법을 소개한 책임에도 불구하고 구속사적인 내용을 담고 있습니다.

· **역사서**(12권) ⇒ 여호수아, 사사기, 룻기, 사무엘상, 사무엘하, 열왕기상, 열왕기하, 역대상, 역대하, 에스라, 느헤미야, 에스더

역사서는 1천 년에 걸친 이스라엘 민족의 역사를 기록하고 있습니다. 가나안 정복이후 사사시대, 사울 왕으로 시작된 왕국시대, 그리고 왕국 분열과 이스라엘의 심판 과정을 기록하고 있습니다. 마지막 세 권은 바벨론 포로생활과 관련된 이스라엘 백성의 활동과 역사를 다루고 있습니다.

· **시문서**(5권) ⇒ 욥기, 시편, 잠언, 전도서, 아가

5권의 시문서는 다른 성경과는 달리 시의 형태를 취하고 있습니다. 그 내용은 하나님에 대한 사랑의 고백과 헌신, 훈계의 내용을 다루고 있습니다. 그 중에 욥기, 잠언, 전도서를 묶어 '지혜서'라고 부릅니다. 지혜서는 인생에 대한 지혜로운 가르침을 담고 있습니다. 하나님을 경외하는 것이 지혜와 지식의 근본이라는 것을 강조하고 있습니다.

· **선지서**

대선지서(5권) ⇒ 이사야, 예레미야, 예레미야애가, 에스겔, 다니엘

소선지서(12권) ⇒ 호세아, 요엘, 아모스, 오바댜, 요나, 미가, 나훔, 하박국, 스바냐, 학개, 스가랴, 말라기

선지서는 예언서라고도 하며 책의 분량에 따라 흔히 대선지서와 소선지서로 구분합니다. 모든 선지서는 해당 예언자들의 이름으로 제목을 붙이고 있습니다. 선지서는 하나님께서 이스라엘 백성들을 깨우치시고 인도하시는 내용을 담고 있습니다. 이스라엘 왕국시대부터 등장한 선지자들은 하나님의 대변자로서 지도자들의 잘못, 우상숭배, 혼합종교, 불신앙 등을 책망하며 하나님의 심판을 선포했습니다. 그러면서 그리스도 안에서 이루어질 구원을 예언했습니다.

신 약

신약은 예수님의 탄생이후 공생애 사역과 십자가 구속사건을 기록하고 있습니다. 또한 마가 다락방에서 탄생한 초대교회 사역 활동을 소개하고 있습니다. 신약 성경은 크게 복음서, 역사서, 서신서, 예언서로 구분합니다.

복음서	역사서	바울서신	공동서신	예언서
마태복음 ~요한복음	사도행전	로마서 ~빌레몬서	히브리서 ~유다서	요한 계시록
4	1	13	8	1

· **복음서(4권)** ⇒ 마태복음, 마가복음, 누가복음, 요한복음

예수 그리스도의 생애와 사역을 담은 복음서는 네 권입니다. 이 가운데 마태, 마가, 누가복음은 같은 관점을 갖고 쓰여졌다고 해서 '공관복음' 이라고 합니다. 각 책의 제목은 저자들의 이름을 딴 것입니다. 복음서는 예수 그리스도의 인격과 사역을 다양한 관점에서 그리면서, 동시에 조화를 이루어 소개하고 있습니다.

· **역사서(1권)** ⇒ 사도행전

사도행전은 의사 출신인 누가가 기록한 역사서로서 예수님께서 하늘로 승천하신 이후 초대 교회의 탄생과 사역을 담은 책입니다. 성령의 인도하심을 받은 초대교회가 예루살렘에서 이방 세계로 뻗어나가는 선교 역사를 소개하고 있습니다.

· **바울서신(13권)** ⇒ 로마서, 고린도전서, 고린도후서, 갈라디아서, 에베소서, 빌립보서, 골로새서, 데살로니가전서, 데살로니가후서, 디모데전서, 디모데후서, 디도서, 빌레몬서

바울 사도가 여러 교회들에게 쓴 교훈과 권면의 편지들입니다. 그 가운데 에베소서, 빌립보서, 골로새서, 빌레몬서는 옥에 갇힌 상황에서 기록하여 '옥중서신' 이라고 합니다.

· **공동서신(8권)** ⇒ 히브리서, 야고보서, 베드로전서, 베드로후서, 요한일서, 요한이서, 요한삼서, 유다서

초대 교회의 여러 사도들이 기록한 말씀들입니다. 야고보는 행함이 있는 믿음을, 베드로는 고난에 대한 인내를, 요한은 하나님의 사랑을 강조하고 있습니다.

· **예언서(1권)** ⇒ 요한계시록

사도 요한이 기록한 예언서로, 인류 역사의 종말에 관한 계시를 상징적으로 담고 있습니다.

① 성경은 모두 몇 권인가요? (　　　　　　　　　권)
② 구약은 모두 몇 권인가요? (　　　　　　　　　권)
③ 신약은 모두 몇 권인가요? (　　　　　　　　　권)

9. 성경에 대한 태도

한 젊은 크리스천이 있었습니다. 아침에 눈을 뜨면 성경을 아무데나 펴서, 처음 눈에 띄는 구절을 그 날의 계시로 삼는 버릇이 있었습니다. 어느 날 아침이었습니다. 여느 때처럼 눈을 뜨자마자 머리맡에 놓인 성경을 들어 펼쳤습니다. 그러자 마태복음 27장 5절 말씀이 눈에 들어왔습니다.

"유다가…물러가서 스스로 목매어 죽은지라"

뭔가 잘못되었다고 생각하며 다시 한번 성경을 덮었다 폈습니다. 이번에는 누가복음 10장 37절이 눈에 들어왔습니다

"가서 너도 이와 같이 하라"

마음에 근심이 밀려들기 시작했습니다. 마지막으로 한 번 더 하나님의 뜻을 묻기로 했습니다. 그러자 이번에는 요한복음 13장 27절 말씀이 펼쳐졌습니다.

"네가 하는 일을 속히 하라"

말씀을 삶 속에서 제대로 적용하려면 성경 66권을 전체적으로 이해하는 안목을 갖추어야 합니다.

어느 집에서 오랜만에 가정예배를 드리게 되었습니다. 성경책을 가지러 갔는데 그 위에 먼지가 뽀얗게 앉아 있었습니다. 성경을 꺼내오던 아이가 엄마에게 물었습니다.

"엄마, 이 성경책은 누구의 책이예요?"

엄마는 "그야 물론 하나님의 책이지"라고 대답했습니다.

그러자 아이가 엄마에게 이렇게 말했습니다.

"읽지도 않고 사용도 안 하시려면 책의 주인인 하나님께 돌려드리는 게 낫겠어요."

1) 여러분의 성경책은 지금 어떤 상태입니까?

♥ 이 예언의 말씀을 읽는 자와 듣는 자와 그 가운데에 기록한 것을 지키는 자는 복이 있나니 때가 가까움이라(요한계시록 1:3)

마치며

심판이 없는 축구시합을 인도하게 된 경우가 있었습니다. 심판이 없었기에 더 자유롭게 진행될 줄 알았는데 시작된 지 얼마 지나지 않아 시합은 곧 아수라장이 되었습니다. 어떤 아이들은 공이 안으로 들어갔다고 소리치고 다른 아이들은 밖으로 나갔다고 말했습니다. 어떤 아이들은 '파울!' 하고 소리쳤고 다른 아이들은 '아니야!' 하고 악을 썼습니다. 나는 누가 옳은지 알 수가 없었습니다. 그래서 그냥 계속하라고 했습니다. 사람들은 기분이 상하기 시작했습니다. 한참이 지난 후 심판관이 도착했을 쯤, 아이 세 명이 부상을 당해 운동장에 누워 있었고, 나머지 아이들은 소리를 질러대기 시작했는데 주로 나를 향해서였습니다. 그러나 심판관이 도착하자 그는 팀을 정리하고, 경계선이 어디인지를 말해주는 등 아이들을 완벽하게 통제했습니다. 그리고 나서 아이들은 그들 생애 최고의 시합을 가졌습니다.

아이들은 규칙이 없었을 때 더 자유로웠는가? 아니면 더 자유롭지 못했는가? 권위가 없을 때 사람들은 자기가 하고 싶은 대로 할 수 있는 자유를 얻게 될 것으로 기대했지만 결과는 더 혼란에 빠지게 되었습니다.

어느 면에서 성경은 이와 같습니다. 성경은 하나님의 율법 책입니다. 그분은 무엇이 '안' 이고 무엇이 '밖' 인지를 말씀해 주십니다. 그 규칙 안에서 시합을 한다면 자유와 기쁨이 있습니다. 그 규칙을 깨뜨리면 사람들이 상처를 입습니다. 하나님은 인생의 즐거움을 망치기 위해 '살인하지 말라' 말씀하신 것이 아닙니다. 그가 훼방꾼이기 때문에 '간음하지 말라' 말씀하신 것도 아닙니다. 하나님은 사람들이 상처받는 것을 원하지 않으십니다. 사람들이 그들의 아내를, 남편을, 자녀들을 버리고 간음하면, 삶은 난장판이 되고 맙니다.[1]

* 본 강을 통해 배운 것을 정리하고 그 깨달음을 이야기해 보세요.

1) 니키 검블, 인생의 의문점들, 이인수 역 (서울: 도서출판 서로사랑, 2001), 81.

3강
예수 그리스도는 누구인가

✲ 시작하며

남북전쟁 당시의 유명한 장군이며, 문학적 천재였던 웰레스와 그의 친구 거솔은 기독교의 신화를 영원히 도말해 버릴 책을 쓰자고 같이 약속하였습니다. 그들은 예수를 믿고 예배하는 사람들이 그럴 듯한 굴레에 갇혀 있는 것에 분개했습니다. 그래서 웰레스는 유럽과 미국의 유명한 도서관에서 기독교를 파괴할 자료를 찾으면서 2년 동안을 연구하였습니다. 그러나 마침내 그는 그의 책 2장을 쓰다가 무릎을 꿇고 예수님께 '나의 주 나의 하나님' 하고 크게 울부짖었습니다. 그리스도의 인격이 어쩔 수 없이 확증되었던 것입니다. 예수 그리스도가 하나님의 아들임을 그는 더 이상 부인 할 수 없었습니다. 그가 사기꾼으로 폭로하려고 결심하였던 그분이 그를 사로잡고 말았던 것입니다.

후에 웰레스는 지금까지 씌여 졌던 그리스도의 생애에 관한 가장 위대한 소설 중의 하나인 "벤허"를 썼습니다.

1. 예수님은 역사적 인물인가?

예수 그리스도에 대하여 처음 소개를 받은 이들이 간혹 갖는 여러 의문들 중 하나가 "예수라는 인물이 정말 역사적 실존인물인가? 아니면 실제로 있었는지 모를 전설적 인물인가?" 하는 것입니다. 당신도 이러한 의문이 현재 마음속에 숨어있지는 않는지요?

예수 그리스도가 실제의 역사적 인물이었다는 증거는 다음과 같습니다.

첫째, 당시 로마의 역사가이며, 아시아 총독인 "타키투스"는 64년 네로 황제시대에 핍박을 받은 기독교인들의 모습과 티베리우스 황제 시대의 유대 지방에서 총독 본디오 빌라도에 의해 처형된 예수 그리스도에 대하여 역사적 기록을 남겼습니다. 그 외에도 로마의 정치가 플리니가 112년경 트라얀 황제에게 보낸 편지들과 또 다른 로마의 역사가 수에토나우스의 기록에도 그리스도에 대한 역사적 기록이 있습니다.

둘째, 70년 경 로마의 티투스황제에게 포로로 잡혔던 당시 유대의 독립운동가이자 역사가인 요세푸스는 그의 책 "유대 고사"에서 무려 3페이지에 걸쳐 예수님의 역사성을 증거했습니다. 다음은 그의 기록 중의 일부입니다. "현자인 예수 - 그는 많은 기적을 행한 자였고, 그 진리를 즐겨 받아들이는 이들의 선생이셨기 때문에 그에게는 많은 유대인들과 헬라인들이 모여들었다. 그러나 우리 중의 지도자들이 그를 고소하고 총독 빌라도는 그를 십자가에 달도록 내어 주었는데…" 그 당시의 사람들 중 성경의 기록에 대해 그 누구도 이의 제기를 한 사람이 없었다는 사실은 성경의 기록이 사실이며 예수가 실제적인 인물이었음을 증거하는 것입니다.

✻ 이 글을 읽고 당신의 생각은 어떠하신지요?

2. 예수님은 누구인가?

1) 예수님은 하나님의 아들이십니다.

♥ 이르시되 너희는 나를 누구라 하느냐 시몬 베드로가 대답하여 이르되 주는 그리스도시요 살아계신 하나님의 아들이시니이다(마태복음 16:15-16)

2) 예수님은 육체를 가진 사람인 동시에 하나님이십니다.

석가모니나 마호메드, 공자와 같은 종교의 창시자들과 예수와는 근본적인 차이가 있는데 그것은 다른 종교 지도자들은 자신이 하나님이라고 주장하지 않았으나, 예수는 자신이 하나님의 아들임을 주장했습니다. 그것이 바로 그를 다른 종교 지도자들과 명확히 다르게 만드는 점입니다.

예수 자신은 스스로 요구하기를 그를 예언자나 교사 정도가 아니라 그 이상의 어떤 것과 동일시하고 있다는 점이 분명합니다. 그는 분명히 신성(deity)을 요구하였습니다. 그는 자신을 하나님께로 나아가는 유일한 화목의 수단으로, 죄사함의 유일한 원천으로, 구원의 유일한 길로 말씀하셨고 또 그렇게 내어 주셨습니다.

♥ 또 아는 것은 하나님의 아들이 이르러 우리에게 지각을 주사 우리로 참된 자를 알게 하신 것과 또한 우리가 참된 자 곧 그의 아들 예수 그리스도 안에 있는 것이니 그는 참 하나님이시요 영생이시라(요한일서 5:20)

3) 예수님은 만민을 다스리는 권세를 가지신 분이십니다.

예수님은 제자들에게 자신이 세상을 심판하시고, 다시 영광의 보좌에 앉을 것이라고 말씀하셨으며(마태복음 25:31), 모든 민족들이 그 앞에 모이며 그들을 심판하시리라고 말씀하셨습니다. 또한 예수님은 심판자가 되실 뿐만 아니라 심판의 기준이 되십니다.

♥ 아버지께서 아들에게 주신 모든 사람에게 영생을 주게 하시려고 만민을 다스리는 권세를 아들에게 주셨음이로소이다(요한복음 17:2)

4) 예수님은 죄를 사하는 권세를 가지신 분입니다.

예수님은 온전한 사람이시기 때문에 다른 사람들처럼 시험을 받으셨지만 죄를 지은 적이 없는 완전무결하신 분이십니다. 죄인은 동정을 할 수는 있어도 그 죄를 용서할 권한은 없습니다. 그러므로 우리의 구원자는 죄가 없어야 할 뿐만 아니라 죄를 용서할 수 있는 권세도 가지고 있어야 합니다.

♥ 그러나 인자가 땅에서 죄를 사하는 권세가 있는 줄을 너희로 알게 하려 하노라 하시고 중풍병자에게 말씀하시되(마가복음 2:10)

3. 그는 무엇을 했는가?

1) 예수 그리스도가 오신 이유

하나님이 사람을 지으실 당시는 하나님과 사귐이 있도록 만드셨습니다. 그것도 지식이 있고, 느낌이 있으며, 의지적으로 결단할 수 있는 인격적인 인간으로 만드셨습니다. 그런데 사람이 하나님과의 약속을 일방적으로 어기는 죄를 범함으로써 그 사귐(교제)이 끊어지고 말았습니다. 즉 하나님과 통하는 생명선이 끊어졌던 것입니다. 성경은 하나님과 인간이 분리된 상태를 죄라고 말합니다.

♥ 죄의 삯은 사망이요 하나님의 은사는 그리스도 예수 우리 주 안에 있는 영생이니라(로마서 6:23)

여기서 말하는 사망은 영과 육의 영원한 사망, 즉 하나님에게서 영원히 분리되어 있음을 말합니다. 이 분리의 결과로, 절도, 살인, 간음 등의 범행이 생길뿐만 아니라, 근심, 초조, 허무감, 세상에의 비판, 좌절, 고독 등의 부정적인 감정들이 생기며 또 최후로는 죽음이 다가오게 되었으며, 그 후엔 영원한 심판이 있게 되었습니다.

2) 화해의 제물이 되신 예수 그리스도

인간의 죄로 인하여 사망이 세상에 들어왔습니다. 그러므로 영생의 다리를 놓으려면 먼저 죄 문제를 해결해야만 했습니다. 즉, 예수님은 인간의 모든 죄를 지고 대신 죽어야만 구원의 다리를 놓으실 수 있으셨던 것입니다. 성경에서는 우리 죄를 누가 담당한다고 예언하였습니까?

♥ 우리는 다 양 같아서 그릇 행하여 각기 제 길로 갔거늘 여호와께서는 우리 모두의 죄악을 그에게 담당시키셨도다(이사야 53:6)

예수님께서는 양(인간)을 위하여 자기가 무엇을 할 것이라고 하셨습니까?

♥ 도둑이 오는 것은 도둑질하고 죽이고 멸망시키려는 것뿐이요 내가 온 것은 양으로 생명을 얻게 하고 더 풍성히 얻게 하려는 것이라 나는 선한 목자라 선한 목자는 양들을 위하여 목숨을 버리거니와(요한복음 10:10-11)

예수님께서는 왜 죽으셨습니까?

♥ 그리스도께서도 단번에 죄를 위하여 죽으사 의인으로서 불의한 자를 대신하셨으니 이는 우리를 하나님 앞으로 인도하려 하심이라 육체로는 죽임을 당하시고 영으로는 살리심을 받으셨으니(베드로전서 3:18)

예수님께서 십자가에서 마지막 하신 말씀은 무엇인가요?

♥ 예수께서 신 포도주를 받으신 후에 이르시되 다 이루었다 하시고 머리를 숙이니 영혼이 떠나가시니라(요한복음 19:30)

"다 이루었다"라는 말의 성경 원문은 "테텔레스타이"입니다. 이것은 상업적인 용어로써 "완불되었다. 빚이 갚아졌다"라는 뜻입니다. 우리의 모든 죄 값을 예수님께서 십자가 위에서 대신 다 갚아주신 것입니다.

예수님은 죽은 다음에 어떻게 되셨습니까?

♥ 안식일이 다 지나고 안식 후 첫날이 되려는 새벽에 막달라 마리아와 다른 마리아가 무덤을 보려고 갔더니 큰 지진이 나며 주의 천사가 하늘로부터 내려와 돌을 굴려 내고 그 위에 앉았는데 그 형상이 번개같고 그 옷은 눈같이 희거늘 지키던 자들이 그를 무서워하여 떨며 죽은 사람과 같이 되었더라 천사가 여자들에게 말하여 이르되 너희는 무서워하지 말라 십자가에 못박히신 예수를 너희가 찾는 줄을 내가 아노라 그가 여기 계시지 않고 그가 말씀하시던 대로 살아나셨느니라 와서 그가 누우셨던 곳을 보라(마태복음 28:1-6)

부활이 중요한 이유는 무엇입니까?

♥ 그리스도께서 다시 살아나신 일이 없으면 너희의 믿음도 헛되고 너희가 여전히 죄 가운데 있을 것이요 또한 그리스도 안에서 잠자는 자도 망하였으리니 만일 그리스도 안에서 우리가 바라는 것이 다만 이 세상의 삶 뿐이면 모든 사람 가운데 우리가 더욱 불쌍한 자이리라 그러나 이제 그리스도께서 죽은 자 가운데서 다시 살아나사 잠자는 자들의 첫 열매가 되셨도다(고린도전서 15:17-20)

3) 나는 예수님을 누구라 하는가?

예수님의 죽으심과 부활이 당신에게 의미가 있으려면 당신은 어떻게 해야 합니까?

♥ 영접하는 자 곧 그 이름을 믿는 자들에게는 하나님의 자녀가 되는 권세를 주셨으니(요한복음 1:12)

영접은 대문을 열고 손님을 모셔들이는 것입니다. 즉, 마음의 문을 열고 예수님을 당신 안에 모셔들이는 것입니다.

♥ 볼지어다 내가 문 밖에 서서 두드리노니 누구든지 내 음성을 듣고 문을 열면 내가 그에게로 들어가 그와 더불어 먹고 그는 나와 더불어 먹으리라(요한계시록 3:20)

예수님은 ① 직접 자신이 하나님이라고 주장했으며 ② 그것을 증명할 만한 일을 행하였으며 ③ 그의 추종자들이나 반대자들이나 형제 친척들에게서 하나님이라는 칭호를 들으셨는데, 그것을 부인하지 아니하셨으며 오히려 그 주장 때문에 죽으셨습니다.

이제 당신은 그를 누구라고 말하겠습니까? 다음의 문장의 도표에 0, X표로 양자택일 하십시오.

* 당신의 결정은?

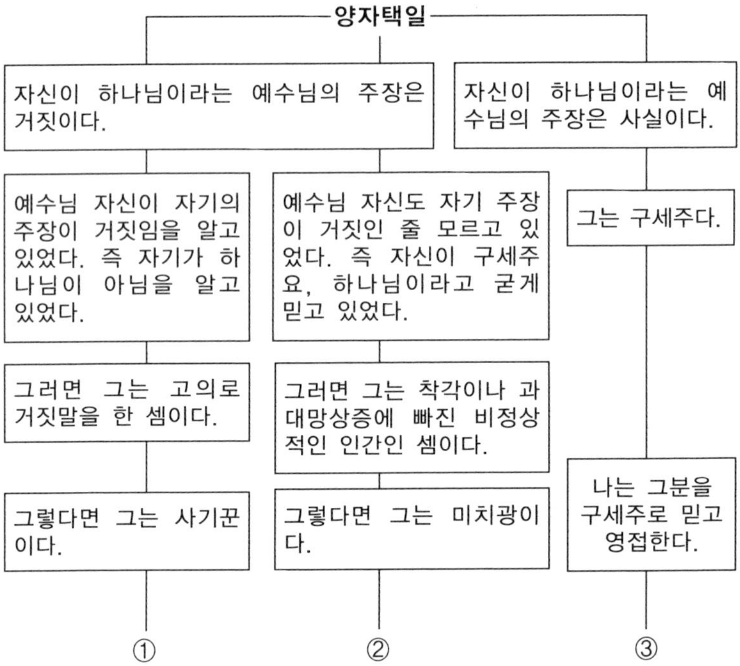
양자택일
자신이 하나님이라는 예수님의 주장은 거짓이다.
자신이 하나님이라는 예수님의 주장은 사실이다.
예수님 자신이 자기의 주장이 거짓임을 알고 있었다. 즉 자기가 하나님이 아님을 알고 있었다.
예수님 자신도 자기 주장이 거짓인 줄 모르고 있었다. 즉 자신이 구세주요, 하나님이라고 굳게 믿고 있었다.
그는 구세주다.
그러면 그는 고의로 거짓말을 한 셈이다.
그러면 그는 착각이나 과대망상증에 빠진 비정상적인 인간인 셈이다.
그렇다면 그는 사기꾼이다.
그렇다면 그는 미치광이다.
나는 그분을 구세주로 믿고 영접한다.
①
②
③

마치며

몇 년 전 구원을 체험한 한 중국인이 미국에 와서 다음과 같이 간증했습니다. "나는 인생의 여정을 걷다가 죄의 큰 수렁에 빠져 있었습니다. 그때 마호멧(이슬람교의 창시자)이 와서 말했습니다. '너는 실제로 그 수렁에 있는 것이 아니야. 다만 네가 빠졌다고 생각할 뿐이지.' 다음으로 부처(불교의 창시자)가 와서 말했습니다. '네가 그 수렁에서 나올 수 있는 일곱 단계가 있다. 만약 네가 기어오르려고 노력하면 나올 수 있을 것이다.' 나는 애썼지만 나올 수 없었습니다. 그러자 공자(유교의 창시자)가 와서 말했습니다. '여기에 수렁에서 나올 수 있는 10단계의 자기 수양이 있다. 그 중에서 네가 절반만 행할 수 있다면 나머지 반은 내가 행해서 너를 끄집어 올려 주겠다' 그러나 아무리 애를 써도 여전히 나는 죄의 구덩이 안에 있었고 아무런 소용이 없었습니다.

그런데 어느 날 그 나사렛 사람이 다가왔습니다. 그는 내 형편을 보셨습니다. 그는 왕의 옷을 벗어 던지고는 한 처녀의 몸을 통하여 이 땅에 오셨습니다. 결코 죄를 지은 일이 없으신 그 분은 나를 위해 죄인이 되셨습니다. 그분은 구덩이 속으로, 오물과 진흙 투성이 속으로, 죄 가운데로 내려 오셔서 나를 들어 올리셨습니다. 내가 스스로 할 수 없었던 것을 그리스도께서 나를 위해 해주셨습니다."

예수님이 지금 당신의 마음 문을 두드리고 계십니다. 이제 닫혀 있던 여러분의 마음의 문을 여십시오.

* 본 강을 통해 배운 것을 정리하고 그 깨달음을 이야기해 보세요.

4강
복음의 능력

✻ 시작하며

1941년 6월 31일, 아우슈비츠의 사이렌이 울리며 포로 한 명이 탈출했음을 알렸습니다. 그 보복으로 그의 동료 포로들 중 10명이 죽어야 했습니다. 특별히 만들어진 콘크리트 벙커 속에 산 채로 매장되어, 긴 시간 동안 서서히 굶주림으로 죽어가는 보복이었습니다.

따라서 포로들은 하루 종일 태양빛 아래에서 굶주림과 두려움으로 괴로워하며 독일 사령관과 그의 게쉬타포 부하들이 그들 사이를 지나가면서 자기들 마음대로 그 열명을 골라내기를 기다렸습니다. 사령관이 프란시스 게요니첵이라는 남자를 가리키자, 그는 '내 불쌍한 아내와 아이들'이라고 울부짖으며 절망했습니다. 그 순간 줄로 테를 만든 동그란 안경을 쓰고 눈이 푹 꺼진, 아무 특별한 것도 없어 보이는 남자가 줄 밖으로 나와 모자를 벗었습니다. "이 폴란드 돼지가 왜 이러는거야?" 사령관이 물었습니다.

"나는 카톨릭 신부입니다. 저 사람을 대신해 죽고 싶습니다. 나는 늙었고, 아내도 자식도 없습니다… 내겐 아무도 없지요." 맥시밀란 콜브 신부가 말했습니다.

"좋다." 사령관은 즉각 대답했습니다.

그날, 아홉 명의 남자와 한 명의 신부가 굶주림의 벙커 안으로 들어갔습니다. 보통의 경우라면 그들은 식인종처럼 서로를 갈기갈기 찢었을 것입니다. 그러나 이번엔 그렇지 않았습니다. 그들은 벌거벗기운 채 바닥에 누워서 기운이 남아있는 동안 기도하고 찬송가를 불렀습니다. 2주 후, 이들 중 세 명과 맥시밀란 신부는 아직 살아있었습니다. 벙커는 또 다른 사람들을 위해 쓰여져야 했으므로 살아남은 나머지 세 명은 8월 14일 처형되었습니다. 8월 14일 오후 12시 50분, 굶주림의 벙커에서 두 주를 보낸

후, 폴란드 신부는 결국 페놀 주사를 맞고 47세의 나이로 죽음을 맞이했습니다.

1982년 10월 10일, 로마의 성 베드로 광장에서 맥시밀란 신부의 장례식이 격식과 예의를 갖추어 다시 치러졌습니다. 참석한 150,999명 가운데에는 프란시스 게요니첵과 그의 아내, 그의 자녀들, 그리고 그 자녀들의 자녀들도 있었습니다. 실로, 많은 사람들이 한 사람에 의해 목숨을 구한 것입니다. 교황은 맥시밀란 신부의 죽음을 일컬어 이렇게 말했습니다. “이것은 인간 안에 존재하는 모든 증오와 경멸에 대한 승리였습니다. 예수 그리스도께서 이루신 승리와 같은 것입니다.”

예수님의 죽음은 사실, 이보다 훨씬 더 놀라운 것입니다. 예수님께서는 단지 한 사람을 위해 죽으신 것이 아니라 이 세상의 모든 사람 하나하나를 위해 죽으셨기 때문입니다. 만약 당신이나 내가 이 세상에 있는 유일한 사람이었다고 해도, 예수 그리스도는 우리의 죄를 없애시기 위해 우리를 대신해서 죽으셨을 것입니다. 우리의 죄가 사라질 때 우리는 새로운 삶을 소유하게 됩니다.

1. 복음이란 무엇인가?

복음이란 기쁜 소식(Good News)입니다. 예수 그리스도께서 죄에 대해 승리하셨고 인생의 모든 문제를 해결해 주신 것을 의미합니다. 완전한 복음은 모든 영역에서 구원과 해방, 자유를 주는 것입니다. 아담 안에서 잃어버린 모든 축복을 그리스도 안에서 회복하게 하는 것입니다.

1) 복음은 믿는 자에게 구원을 줍니다.

복음은 능력입니다. 예수가 그리스도, 즉 구원자이시기 때문입니다.

♥ 내가 복음을 부끄러워하지 아니하노니 이 복음은 모든 믿는 자에게 구원을 주시는 하나님의 능력이 됨이라 먼저는 유대인에게요 그리고 헬라인에게로다(로마서 1장 16절)

2) 복음은 강력한 믿음의 사람으로 바꿔줍니다.

가난한 자에게 복음이 들어가면 영적인 가난 뿐 아니라 환경적 가난에서도 벗어날 수 있게 되며 죄와 정욕, 욕망의 포로된 자에게 복음이 들어가면 자유의 삶을 살게 됩니다.

♥ 복음에는 하나님의 의가 나타나서 믿음으로 믿음에 이르게 하나니 기록된 바 오직 의인은 믿음으로 말미암아 살리라 함과 같으니라(로마서 1장 17절)

3) 복음은 사탄의 권세와 능력을 깨뜨립니다.

죄를 지은 모든 자에게 쉼을 선포하고 자유케 하는 것이 복음입니다. 복음은 사탄의 지배아래 있는 자를 자유케 합니다.

♥ 또 범죄와 육체의 무할례로 죽었던 너희를 하나님이 그와 함께 살리시고 우리의 모든 죄를 사하시고 우리를 거스르고 불리하게 하는 법조문으로 쓴 증서를 지우시고 제하여 버리사 십자가에 못 박으시고 통치자들과 권세들을 무력화하여 드러내어 구경거리로 삼으시고 십자가로 그들을 이기셨느니라 (골로새서 2장 13절-15절)

4) 복음의 실체는 예수 그리스도이십니다.

우리를 구원하시는 예수 그리스도, 그가 바로 복음입니다.

♥ 다른 이로써는 구원을 받을 수 없나니 천하 사람 중에 구원을 받을 만한 다른 이름을 우리에게 주신 일이 없음이라 하였더라(사도행전 4장 12절)

2. 사탄의 실체는 무엇인가?

참복음을 모르면 참자유가 없습니다. 사탄은 복음의 실체를 못 보게 만들면서 복음을 다음과 같이 변질시켜 버립니다.

- 사탄은 영혼구원만이 복음이라고 생각하도록 만듭니다. 그러나 영혼구원은 복음의 시작일 뿐이며 하나님은 우리 삶을 더욱 더 풍성하게 하시기를 원하십니다.
- 사탄은 복음을 윤리와 도덕의 규범 정도로 생각하게 합니다. 그러나 주님은 휴머니스트가 아니며 복음은 "생명"입니다.
- 사탄은 계몽주의 이후 복음을 학문의 대상으로 생각하게 하였습니다.
- 사탄은 복음을 사회개혁의 원리나 철학으로 생각하게 합니다. 그리하여 이 세상의 정의구현의 도구로 성경을 받아들일 뿐입니다. 그들은 예수의 신성을 불신하고 있기에 복음을 단편적으로 이해하고 있는 것입니다.
- 사탄은 복음을 샤머니즘적 도구로 생각하게 합니다. 사탄은 한국의 전통적인 기복신앙이 복음인 줄 오해하도록 복음을 평가절하시킵니다.

3. 승리의 삶을 위하여

복음의 능력 여섯 가지를 붙잡으십시오.

1) 예수 생명

예수 생명만이 영원한 생명입니다.

♥ 내가 그들에게 영생을 주노니 영원히 멸망하지 아니할 것이요 또 그들을 내 손에서 빼앗을 자가 없느니라 그들을 주신 내 아버지는 만물보다 크시매 아무도 아버지 손에서 빼앗을 수 없느니라(요한복음 10장 28절-29절)

2) 예수 능력

이 능력이 내 안에 있음을 믿을 때 승리의 삶을 살 수 있습니다.

♥ 주의 성령이 내게 임하셨으니 이는 가난한 자에게 복음을 전하게 하시려고 내게 기름을 부으시고 나를 보내사 포로된 자에게 자유를 눈먼 자에게 다시 보게 함을 전파하며 눌린 자를 자유롭게 하고 주의 은혜의 해를 전파하게 하려 하심이라 하였더라(누가복음 4장 18절-19절)

3) 예수 권세

이 권세가 우리에게 주어졌으므로 예수의 권세로 사탄을 물리칠 수 있습니다.

♥ 예수께서 나아와 말씀하여 이르시되 하늘과 땅의 모든 권세를 내게 주셨으니 (마태복음 28장 18절)

4) 예수 이름

♥ 지금까지는 너희가 내 이름으로 아무 것도 구하지 아니하였으나 구하라 그리하면 받으리니 너희 기쁨이 충만하리라(요한복음 16장 24절)

5) 예수 치료

예수님의 사역의 1/3은 병 고치는 사역이었습니다.

♥ 저물매 사람들이 귀신 들린 자를 많이 데리고 예수께 오거늘 예수께서 말씀으로 귀신들을 쫓아 내시고 병든 자들을 다 고치시니 이는 선지자 이사야를 통하여 하신 말씀에 우리의 연약한 것을 친히 담당하시고 병을 짊어지셨도다 함을 이루려 하심이더라(마태복음 8장 16절-17절)

6) 예수 축복

"부요"라는 단어는 물질적인 부를 말하는 것입니다. 예수님은 영적인 축복 뿐 아니라 물질적 부도 주십니다.

♥ 우리 주 예수 그리스도의 은혜를 너희가 알거니와 부요하신 이로서 너희를 위하여 가난하게 되심은 그의 가난함으로 말미암아 너희를 부요하게 하려 하심이라(고린도후서 8장 9절)

✲ 마치며

사탄은 그리스도인의 기쁨과 안식에 대해 굉장히 시기하고 적대감을 갖고 있습니다. 그래서 그는 자신의 역량을 다 동원하여 불쌍한 영혼들을 의심과 어두움 속에 가두어 두려고 발버둥칩니다. 사탄은 사람들을 강건하고 당당하게 만들고, 또 사탄의 왕국을 흔들리게 하는 것이 바로 '믿음의 확신' 이라는 사실을 알고 있습니다. 그래서 그는 영혼들이 구원의 확신에 접근하지 못하도록(아담을 낙원에서 쫓아내기 위해 열심을 다했던 것처럼) 온갖 열성을 다 발휘하고 있습니다.

＊ 본 강을 통해 배운 것 중 개인적으로 적용하여 실천할 수 있는 것은 무엇일까요?

5강
구원의 확신

✲ 시작하며

지금으로부터 3500년 전 애굽에는 하나님께서 큰 재앙을 내려 애굽의 모든 장자들을 멸하시는 사건이 있었습니다. 그날 밤 이스라엘의 장자들은 과연 어떻게 그들의 생명이 안전하다는 사실을 확신할 수 있었을까요? 두 가정을 방문하여 그들의 느낌을 확인해 봅시다.

첫째집의 아들 : "두렵고 불안합니다. 왜냐구요? 오늘밤 죽음의 사자가 우리집을 지나간답니다. 하나님께선 양의 피를 대문의 문설주에 바르면 '내가 그 피를 보고 넘어가리라' 고 약속하셨지만, 새벽이 밝아보면 그때야 안심할 수 있을 것 같아요. 그때까지는 장담할 수가 없어요. 그래서 불안해요."

둘째집의 아들 : "저는 하나님의 약속을 믿어요. 대문에 뿌린 피 때문에 저는 안전하거든요. 기쁨과 희망으로 이제 노예살이 하던 이 애굽땅을 떠날 준비만 하고 있어요. 내일이 기대된답니다."

이 두 아들 중 누가 더 안전하다고 생각합니까? 둘째아들이라고요? 아닙니다. "둘 다 안전합니다." 왜냐하면 하나님께서는 그들이 집안에서 어떻게 느끼든지 간에 -기뻐하든지 불안해하든지 간에 - 그 감정을 보지 않으시고, 그 집에 피가 뿌려져 있는가? 아닌가? 하는 사실만을 보시고 구원을 결정하시기 때문입니다. 당신은 어떻습니까?

＊ 당신의 마음속에는 흔들리지 않는 구원의 확신이 있으십니까?

1. 구원이란?

구원이란 죄로 인해 하나님과 분리된 인간이 예수 그리스도로 인해 우리의 모든 죄가 완전히 해결되어 죄인이었던 사람이 의인이 되는 것을 의미합니다.

1) 구원은 예수님을 믿음으로 영접할 때 일어나는 것입니다.

믿음으로 예수님을 영접했을 때 어떤 결과가 나타납니까?

♥ 볼지어다 내가 문 밖에 서서 두드리노니 누구든지 내 음성을 듣고 문을 열면 내가 그에게로 들어가 그와 더불어 먹고 그는 나와 더불어 먹으리라 (요한계시록 3:20)

이제 예수 그리스도 안에 있는 자들은 어떤 상태에 있습니까?

♥ 그런즉 누구든지 그리스도 안에 있으면 새로운 피조물이라 이전 것은 지나갔으니 보라 새 것이 되었도다(고린도후서 5:17)

새 영(성령)은 새 마음 속에서 무엇을 하실까요?

♥ 성령이 친히 우리의 영과 더불어 우리가 하나님의 자녀인 것을 증언하시나니(로마서 8:16)

믿는 자의 삶의 깊은 곳에서는 어떤 현상이 나타납니까?

♥ 나를 믿는 자는 성경에 이름과 같이 그 배에서 생수의 강이 흘러나오리라 하시니 이는 그를 믿는 자들이 받을 성령을 가리켜 말씀하신 것이라 (요한복음 7:38-39)

2) 구원의 소망이 있을 때 우리 영혼은 안전합니다.

♥ 우리가 이 소망을 가지고 있는 것은 영혼의 닻 같아서 튼튼하고 견고하여 휘장 안에 들어가나니(히브리서 6:19)

우리 영혼이 구원에 대한 약속과 하나님은 절대로 거짓말을 하실 수 없는 신실한 분(민23:19)이라는 사실을 믿을 때 우리는 힘든 중에도 소망을 가지며, 담대히 휘장 안(하나님 앞)으로 들어가게 되는 것입니다.

예수님이 요한복음 10:28-29에서 말씀하신 세 가지 새 생명에 대한 약속은 무엇입니까?

♥ 내가 그들에게 영생을 주노니 영원히 멸망하지 아니할 것이요 또 그들을 내 손에서 빼앗을 자가 없느니라 그들을 주신 내 아버지는 만물보다 크시매 아무도 아버지 손에서 빼앗을 수 없느니라(요한복음 10:28-29)

당신은 새로운 생활을 시작하셨습니다. 당신의 현재 생활은 옛생활을 수선하려고 무던히 애쓰지만 여전히 죄 투성이인 그런 생활이 아닙니다. 완전히 새로운 삶을 살기 시작하는 것이지요. 그러므로 기억하십시오. 믿음이란, 감정적, 또는 지적인 위탁 그 이상의 의지의 위탁 - 즉 행동을 주님께 맡기고 따라가는 것 - 이라는 사실을!

하나님의 또 다른 보증은 무엇입니까?

♥ 돈을 사랑하지 말고 있는 바를 족한 줄로 알라 그가 친히 말씀하시기를 내가 결코 너희를 버리지 아니하고 너희를 떠나지 아니하리라 하셨느니라(히브리서 13:5)

2. 구원의 확신

구원의 확신을 갖기 어려워 하는 이유 중 하나는 율법과 구원의 관계에 대한 오해가 있기 때문입니다. 즉 하나님의 말씀대로 잘 살아야만 구원을 받을 수 있다는 생각 때문에 내가 구원을 받을 자격이 있을까 의심하게 되는 것입니다.

1) 율법과 구원의 관계

하나님께서는 이스라엘 민족에게 율법을 주셨는데 그 율법에는 하나님이 원하시는 인간의 생활 모습들이 기록되어 있었습니다. 다시 말해 그 율법대로 살면 하나님이 기뻐하시며 하나님은 우리들에게 100점 만점의 점수를 주실 것입니다. 그런데 이것이 가능할까요? 다시 말해 우리들이 율법대로 살아서 구원에 이를 수 있을까요? 당신의 생각은 어떠하신지요?

그러면 하나님이 율법을 주신 이유는 무엇일까요?

♥ 우리가 알거니와 무릇 율법이 말하는 바는 율법 아래에 있는 자들에게 말하는 것이니 이는 모든 입을 막고 온 세상으로 하나님의 심판 아래에 있게 하려 함이라 그러므로 율법의 행위로 그의 앞에 의롭다 하심을 얻을 육체가 없나니 율법으로는 죄를 깨달음이니라(로마서 3:19-20)

하나님이 원하시는 삶의 기준인 율법을 알고 있는 것과 율법대로 준수하며 살 수 있는 것은 같은 이야기 입니까? 아니면 다른 이야기 입니까?

죄인인 인간은 '눈먼 장님'과 같은 존재이고 율법은 일종의 '약도'와 같다고 할 수 있습니다. 인간은 눈이 멀었기 때문에 하나님이 주신 '약도'를 소유하고는 있지만 그것이 별로 의미가 없습니다. 그러면 장님에게 가장 필요한 것은 무엇이라고 성경은 말합니까? 그리고 그것은 누구의 힘으로 가능한 것일까요?

♥ 이제는 율법 외에 하나님의 한 의가 나타났으니 율법과 선지자들에게 증거를 받은 것이라 곧 예수 그리스도를 믿음으로 말미암아 모든 믿는 자에게 미치는 하나님의 의니 차별이 없느니라 모든 사람이 죄를 범하였으매 하나님의 영광에 이르지 못하더니 그리스도 예수 안에 있는 속량으로 말미암아 하나님의 은혜로 값 없이 의롭다 하심을 얻은 자 되었느니라(로마서 3:21-24)

율법이란 하나님이 제시하는 조건들을 지키고 이행해서 드디어 합격선에 도달하는 것을 말하는데, 사람들은 하나님께서 제시하는 조건들을 지킬만한 능력이 없습니다. 왜냐하면 눈이 멀었기 때문에 '약도'는 갖고 있지만 낭떠러지로 떨어질 수 밖에 없는 처지에 있기 때문이죠. 그래서 눈 먼 우리들의 눈이 먼저 떠져야만 하나님을 볼 수 있게 되며 하나님 앞에서 죄인으로 살아왔다는 것을 알게 되는 것입니다. 이처럼 하나님을 향해 눈을 뜨게 된 것을 '믿음'을 갖게 되었다고 이야기하며 '구원'을 받았다고 말합니다.

그렇다면 나의 "믿음"은 어떻게 해서 갖게 된 것입니까?

♥ 너희는 그 은혜에 의하여 믿음으로 말미암아 구원을 받았으니 이것은 너희에게서 난 것이 아니요 하나님의 선물이라 행위에서 난 것이 아니니 이는 누구든지 자랑하지 못하게 함이라(에베소서 2:8-9)

2) 구원의 확신

성경에서는 우리가 구원받기 전에는 어떤 상태에 있었다고 설명합니까? 그리고 구원받고 난 다음의 상태는 무엇이라고 합니까?

♥ 그는 허물과 죄로 죽었던 너희를 살리셨도다(에베소서 2:1)

구원 받기 전 :

구원 받은 후 :

"회개"란 '내가 하나님 앞에서 죄인인 것을 깨닫고 나의 죄악을 고백하고 돌이킬 것을 다짐하는 것' 이라고 할 수 있습니다. 그러면 아래 물음 중 어떤 것이 올바른 표현입니까?

나는 "회개"했기 때문에 "구원"을 얻었다. (　　　　　)

나는 "구원"얻었기 때문에 "회개"를 했다. (　　　　　)

내가 구원받은 하나님의 자녀인 것을 스스로 확인 할 수 있는 가장 우선적인 기준은 내가 하나님 앞에서 죄인이라는 사실을 알게 되는 것입니다.

3) 잘못된 구원의 확신은 무엇입니까?

다음의 경우들이 성경 말씀을 근거로 할 때 왜 잘못된 것인지 살펴봅시다.

자연이는 아버지가 목사님이시고 형제들이 다 열심히 교회에 나가는 소문난 크리스천 가정에서 태어났기 때문에 자신은 구원받았다고 이야기한다.

♥ 이는 혈통으로나 육정으로나 사람의 뜻으로 나지 아니하고 오직 하나님께로부터 난 자들이니라(요한복음 1:13)

지현이는 성경퀴즈 대회에서 항상 1등하는 "성경박사"이므로 구원받았다고 자랑한다.

♥ 예수께서 그에게 대답하여 이르시되 너는 이스라엘의 선생으로서 이러한 것들을 알지 못하느냐(요한복음 3:10)

은지는 예배는 물론 중등부에서 모이는 모임이라면 빠지지 않고 나가고 있고 또 임원으로 열심히 봉사하고 있기 때문에 분명히 자기는 구원받았다고 장담한다.

♥ 그러므로 율법의 행위로 그의 앞에 의롭다 하심을 얻을 육체가 없나니 율법으로는 죄를 깨달음이니라(로마서 3:20)

4) 구원의 확신에 대한 성경 말씀

내가 구원받은 하나님의 자녀라는 것은 하나님의 약속이요 내 기분에 따라 변동되지 않는 객관적인 사실입니다.

하나님의 약속

♥ 내가 진실로 진실로 너희에게 이르노니 내 말을 듣고 또 나 보내신 이를 믿는 자는 영생을 얻었고 심판에 이르지 아니하나니 사망에서 생명으로 옮겼느니라(요한복음 5:24)

예수님의 내주하심

♥ 또 증거는 이것이니 하나님이 우리에게 영생을 주신 것과 이 생명이 그의 아들 안에 있는 그것이니라 아들이 있는 자에게는 생명이 있고 하나님의 아들이 없는 자에게는 생명이 없느니라(요한일서 5:11-12)

성령의 확증

♥ 성령이 친히 우리의 영과 더불어 우리가 하나님의 자녀인 것을 증언하시나니(로마서 8:16)

✻ 마치며

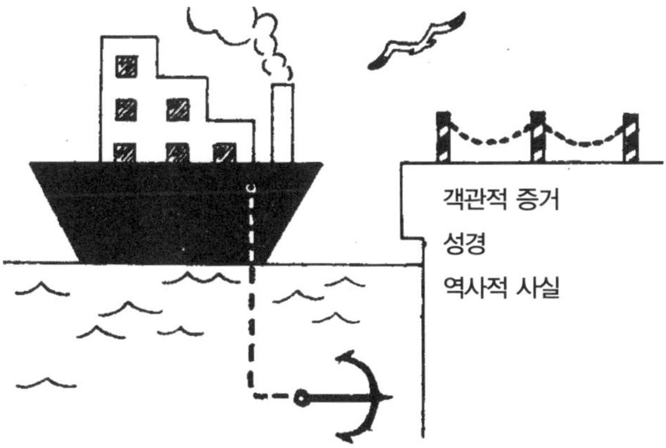

폭풍우가 몰아칩니다. 이 배가 풍랑에 떠내려가지 않으려면 닻을 어디에 걸어야 할까요? 바깥의 항구에 있는 바위에 걸어야 합니까? 아니면 배 안의 튼튼한 기둥이나 굴뚝에 걸어야 합니까?

그렇습니다! 아무리 배 안의 기둥이나 굴뚝이 튼튼하다 할지라도 그곳에 닻을 걸면 떠내려가고 맙니다. 마찬가지로 당신의 영혼을 "구원의 확신"의 바깥의 바위(객관적 사실-성경)에 두어야만 당신의 믿음은 흔들리지 않습니다. 배 안(자기의 감정)에 구원의 확신을 두지 마십시오. 당신이 예수님을 영접했으면 당신의 닻은 이미 하나님의 약속에 걸려진 것입니다. 그것을 확인하십시오. 그래서 당신 속에 현재 어떠한 감정의 변화(예를 들면 기쁨이나 어떤 신비한 느낌)가 없더라도 안심하십시오. 당신은 구원받았습니다. 당신이 현재 아무리 인생의 바다에서 불안이나 절망 혹은 고독을 느끼고 있다 하더라도 그것은 잠시의 폭풍우에 의한 흔들림일 뿐이지 항구에서 떠난 현상은 결코 아닌 것입니다. 구원은 사실을 믿을 때에 얻는 것이지, 감정에 따라 얻는 것이 아닙니다.

당신의 마음 속에 “그리스도의 뿌려진 피”가 있습니까? 그렇다면 안심하십시오. 당신은 구원받았습니다. 물론 예수님을 영접했음에도 불구하고 구원의 확신이 없는 불안한 신자도 구원은 받았습니다. 그러나 그는 성장하지 못합니다. 적극적인 그리스도인이 되지 못합니다. 그는 항상 무기력하고, 소극적이며, 자신이 그리스도인임을 밝히길 꺼려하거나 그리스도인의 풍성한 삶을 체험하지 못한 그리스도인이 되고 말 것입니다. 때로는 자신이 그리스도인인지, 아닌지조차 의심하게 됩니다.

그러므로 사탄은 무엇보다도 먼저 당신으로 하여금 “구원의 확신”을 갖지 못하도록 당신의 감정을 공격하여 온다는 사실을 기억하십시오. 그리고 그 작전에 속지 마십시오. 안심하십시오. 구원의 근거는 감정이 아니라, 사실(성경의 약속)에 있습니다. 당신은 구원받았습니다.

＊ 본 강을 통해 당신은 무엇을 배웠습니까?

구원 간증문 쓰기

1. 구원 간증문을 써야 하는 이유는 무엇입니까?

구원 간증이란?

♥ 태초부터 있는 생명의 말씀에 관하여는 우리가 들은 바요 눈으로 본 바요 자세히 보고 우리의 손으로 만진 바라 이 생명이 나타내신 바 된지라 이 영원한 생명을 우리가 보았고 증언하여 너희에게 전하노니 이는 아버지와 함께 계시다가 우리에게 나타내신바 된 이시니라 우리가 보고 들은 바를 너희에게도 전함은 너희로 우리와 사귐이 있게 하려 함이니 우리의 사귐은 아버지와 그의 아들 예수 그리스도와 더불어 누림이라(요한일서 1:1-3)

왜 간증해야 합니까?

♥ 너희 마음에 그리스도를 주로 삼아 거룩하게 하고 너희 속에 있는 소망에 관한 이유를 묻는 자에게는 대답할 것을 항상 준비하되 온유와 두려움으로 하고(베드로전서 3:15)

다윗의 간증 자세는 어떠합니까?

♥ 나는 항상 소망을 품고 주를 더욱더욱 찬송하리이다 내가 측량할 수 없는 주의 공의와 구원을 내 입으로 종일 전하리이다(시편 71:14-15)

2. 구원 간증문의 내용 및 순서

구원간증문은 그리스도의 은혜와 사랑 안에서 받은 선물인 새 생명을 어떻게 확신하게 되었는지를 기록하는 것입니다. 기록할 때의 주된 내용은 그리스도를 만난 사건을 서술하되 철저히 개인적인 만남의 사건을 서술하십시오. 그리고 성경적인 용어와 은혜 받은 성구를 인용하고 다음 순서에 따라 작성하십시오.

1) **간증문을 작성하기 전에 지혜를 주시도록 하나님의 도우심을 위해 기도하세요.**
2) **먼저 세 장의 종이에 각각 믿기 전의 상태, 믿게 된 경위, 믿은 후의 삶이라는 제목을 쓰고 머리에 떠오르는 대로 각각을 간략하게 기록하세요.**
3) **기록한 내용을 중심으로 초안을 작성하세요**(5분 정도에 걸쳐 읽을 수 있는 분량 정도로 작성합니다).
4) **초안을 수정하세요**(인도자의 도움이 필요할 것입니다).
5) **초안을 2분 30초 내지 3분 정도의 분량으로 줄이세요**(이 일도 인도자

가 도와 줄 것입니다).

3. 간증문 작성시 유의 사항

1) 초안에 너무 신경 쓰는 것

많은 사람들이 초안에 너무 신경 쓰는 경향이 있는데, 일단 생각나는 대로 그리고 가능한 한 많이 기록하십시오. 무엇이든 확장시켜 나가는 것보다 줄이는 편이 쉽습니다.

2) 지나치게 과거 회상적인 것

어떤 사람들은 지나치게 자신을 돌아보거나, 과거의 불행했던 경험들을 회상하기 때문에 도리어 실망하게 됩니다. 그리고 "재연"하거나 "되살리려는" 마음 때문에, 간증문을 쓰는 일에는 전혀 진전이 없는 경우도 있습니다. 또 어떤 사람들은 과거의 갈등들을 무마시켜 보려는 시도에 지나치게 사로잡혀 있기도 합니다. 이러한 위험에 빠지지 않도록 주의하십시오.

3) 너무 성급하게 영적인 내용으로 이끄는 것

간증을 할 때 너무 일찍 영적인 내용 또는 그리스도인에 관한 사항을 꺼내는 것은 바람직하지 못합니다. 어떤 경우에는 처음부터 끝까지 그 내용이 지나치게 영적인 것들로 가득할 수도 있습니다. 그러나 무엇보다도 당신 자신이 평범한 인간이라는 사실을 보여주는 것이 중요합니다.

4) 거듭난 시기에 대해 지나치게 신경 쓰는 것

어릴때부터 신앙생활을 해서 자연스럽게 예수님을 믿은 경우, 주님을 영접하여 변화된 시기를 확실히 모를 수 있습니다. 그러나 특별히 예수님을 가깝게 느꼈거나 알았을 때가 언제인가를 추적해 보면 자신의 변화에 새로운 시야를 갖게 되기도 합니다.

5) 어렵다고 뒤로 미루는 것

간증문 작성을 마치려면 틀림없이 몇 시간동안 집중적으로 시간을 투자해야 할 것입니다. 그렇다고 해서 미루어 두게 되면 그 일은 더욱 어려워지게 됩니다.

심수명 목사의 구원 간증문

안녕하세요? 저는 심수명입니다.

제 인생은 그리스도로 인해 새로워졌고 풍성한 삶을 살고 있습니다. 그래서 그리스도가 제 인생의 비전이요 꿈이요, 희망입니다.

다음은 제 인생이 예수님을 만나서 어떻게 새로워졌는지를 소개하는 글입니다. 함께 읽어보시고 생각과 느낌을 나누어 주십시오.

1. 구원의 확신 이전

나는 믿음을 가진 부모님 밑에서 3남 1녀 중 차남으로 태어났습니다. 아버님께서는 목사로서 25년 간 목회하셨고 어머님도 늘 기도의 삶을 사시는 분이셨기에 나는 어렸을 때부터 믿음의 환경을 자연스럽게 받아들였고 소년시절에는 여러 가지 신비한 영적 체험도 하였습니다.

그러나 나는 마음에 깊은 아픔과 고통을 품고 성장하였습니다. 그것은 내가 태어날 때 어머니가 난산으로 죽을 고비를 여러 번 넘겼고, 남자 산부인과 의사의 도움으로 태어났기에 아버지는 나를 싫어하였습니다. 태어날 때부터 아버지로부터 없는 자식으로 취급되어 온 나는 그 누구에게도 사랑 받아본 느낌이 없이 살아왔습니다. 이렇게 사랑받지 못한 저는 어릴 때부터 우울함과 패배감에 젖어 있었으며 생각이 깊고 고민이 많아 세상과 사람에 대한 원망과 분노가 가득하여 항상 인상을 쓰고 있었기에 초등학교에 들어가기 전부터 이마에 깊은 주름이 패인 아이였습니다. 나는 형이나 동생과는 달리 초등학교 입학할 때부터 혼자서 학교를 물어물어 찾아가서 입학식에 참석해야 했고, 학교 준비물이나 등록금, 용돈 등은 한 번도 챙겨 받아 본 적이 없었습니다. 이로 인하여 수없이 선생님과 친구들로부터 무시와 외면을 당했고, 내 존재가 무가치하게 여겨져 사람 만나는 것도 피했습니다. 내게 다가오는 친구가 있으면 그가 나를 좋아하는 것이 믿어지지 않았고 설혹 진심이 느껴져도 내가 받은 학대를 그에게 대신 갚아주고 싶어서 그를 모욕하고 조롱하여 나로부터 멀리 떠나게 만들었습니다. 나는 깊은 열등감으로 자기 성을 쌓아 그 속에 갇혀 지냈습니다. 가정에서도, 교회에서도, 학교에서도, 그 어디에서도 환영받지 못한다고 생각하였기에 나는 분노와 세상에 대한 적개심을 키우며 살았습니다.

어두운 어린 시절에도 나에게는 두 가지 희망이 있었습니다. 첫째는 막연하지만 하나님과의 만남이었습니다. 어릴 때 교회가 좋았고 교회의 친구들과 선생님이 좋았습니다. 무엇보다 어머니를 따라 산기도를 다니면서 하나님과 깊은 영적 교통과 체험을 한 것이 내게는 큰 축복이었고 기쁨이었습니다. 둘째는 페스탈로찌의 전기를 읽다가 자신의 자녀가 아님에도 불구하고 헌신적으로 사랑을 쏟는 그의 삶이 내 인생에 빛을 준 것이었습니다. 꼭 부모, 자식의 관계가 아니라 하더라도 사랑을 주고받을 수 있는 관계가 세상에 존재한다는 것이 내게는 엄청난 희망이었습니다.

그래서 나는 페스탈로찌 같은 사랑의 교육자가 되어 평생을 고아원을 운영하거나 교사가 되기로 결심하였습니다. 그것이 나의 꿈이었습니다.

2. 구원의 확신을 갖게 된 경위

사춘기에 접어들면서도 달라지지 않는 아버지의 태도에 대한 분노와 반발로 인해 급기야 신앙을 버리고 방황하며 살았습니다. 그러나 마음이 너무 힘들어서 20살이 되던 해에 기독교가 아닌 다른 곳에서 진리를 찾고 싶어 세계의 8대 종교들을 연구하기 시작했습니다. 6개월 정도 연구했지만 다른 종교에서는 내 인생의 해답을 발견할 수 없었습니다.

그때 다시 성경을 보고 싶은 마음이 생겼습니다. 지금 생각해보면 이것은 참으로 하나님의 은혜입니다. 국립 중앙도서관에서 성경을 빌려 우연히 펴서 읽기 시작한 것이 요한복음 14장이었습니다. 계속 읽어나가다가 나는 충격을 받았습니다. "예수께서 이르시되 내가 곧 길이요 진리요 생명이니 나로 말미암지 않고는 아버지께로 올 자가 없느니라(요한복음 14:6)." 나는 망치로 머리를 맞는 아득함을 느꼈습니다. 그 누구도 이렇게 말한 사람이 없었기 때문입니다. 너무나 분명한 예수님의 말씀이 나를 사로잡았습니다. 자신이 진리라고 말하는 예수, 그는 미친 사람인가? 아니면 이 말이 진실이란 말인가? 그러나 아무리 생각해 보아도 예수님이 미친 사람이라고 생각할 수는 없었습니다. 그래서 그 새벽에 자취하던 집 근처의 교회에 나가서 기도했습니다. 하나님이 정말 살아 계시다면 나를 만나달라고…… 그때 나는 성경을 통해 진리이신 예수님을 만났습니다.

그 후 기본적인 신앙을 다시 회복하게 되었지만 이 때까지도 교회를 열심히 다니지는 않았습니다. 그러다가 1980년 봄에 방위로 전역한 후 인생의 방향에 대해 고민하면서 어릴 때의 꿈대로 사범

대학을 갈 것인가, 아버지의 뜻대로 경영학을 계속 공부할 것인가를 놓고 고민하게 되었습니다. 나는 인생의 진로를 좀 더 진지하게 찾고 싶은 마음에 수원에 있는 흰돌산 기도원으로 갔습니다. 그리고 모든 욕심을 버리고 내 자신과 인생을 만나고 싶어서 금식기도를 시작했습니다. 금식기도 시작 후 이틀째 힘없이 교회당 바닥에 주저앉아 있는데, 십자가에 달리신 주님의 모습이 비몽사몽간에 보이며 "내 너를 사랑하노라" 하신 음성이 들리는 것이었습니다. 그러면서 지금까지 내가 지은 죄들이 십자가 뒤로 파노라마처럼 지나가는 것이었습니다. 나는 터져 나오는 감격과 참회의 눈물을 5일간 흘렸습니다. 이 때 그토록 한을 품었던 모든 것들이 녹아내리는 은혜의 치유가 내면에서 일어났습니다.

바로 그때 하나님은 예수 그리스도의 죽으심이 나를 위한 죽음이요, 그분 안에 영원한 안식이 있음을 느끼게 해주셨습니다. 텅빈 마음에 하나님의 사랑이 채워지자 부모와 세상으로부터 그토록 찾고 찾았던 참사랑이 바로 하나님으로부터 오는 것임을 알게 되었습니다. 그 때의 감격은 이루 말로 다 표현할 수 없는 것이었습니다.

그 다음날 아침 눈을 떠서 세상과 자연을 보는 느낌이 새로웠습니다. 정말 신기하게도 모든 것이 다르게 보였습니다. 과거에는 불안과 근심이 많고 자신에 대한 연민과 세상에 대한 적개심이 가득하였습니다. 이것이 인생인 줄 알았습니다. 그러나 예수님과 함께 위로부터 다시 태어나니 느낌이 달랐습니다.

다음날 아침에도 나뭇잎을 스치는 바람과 흐르는 시냇물은 어제와 동일했고 떠오르는 태양도 같았지만 나의 느낌은 달랐습니다. 하늘을 보는 느낌이 달랐고 땅을 밟는 느낌이 달랐습니다. 바람이

나 흐르는 시냇물도 "하나님은 너를 사랑해"라고 속삭이는 듯 했으며 우주 안에 하나님이 나를 사랑하는 따뜻한 사랑으로 가득 채워지는 느낌을 받았습니다. 똑같았는데 달랐습니다. 내가 달라진 것입니다.

그 때부터 죽음에서 사는 것이 아니라 영원한 생명 가운데 사는 사람이 되었습니다. 과거에는 자기중심적이고 이기적인 사람이었기에 쉽게 상처받으며 쉽게 상처를 주었습니다. 권위에 대한 저항이 있으면서도 권위주의에 젖어 있었고 형식을 싫어하면서도 형식을 놓지 못하는 이중적 삶에 익숙해 있었습니다. 나의 삶은 온통 오해와 증오, 독선, 시기, 살인, 분노 등으로 가득 찼기에 인격적인 하나님과의 만남은 내 인생에 도전과 충격을 주었습니다. 하나님은 무조건적 사랑과 용서, 축복으로 나를 맞이하셨습니다.

그래서 나는 소명을 당연한 것으로 받아들였고, 그것을 위해 내 생애를 불태우다가 죽기로 각오하였습니다. 사랑받지 못한 고통을 가슴에 끌어안고 살던 나에게 하나님은 무조건적인 사랑을 부어주셨고 죽기까지 사랑하신 그 사랑을 다른 사람들에게 나눠주라고 하시는 것 같았습니다. 그때 목회에로의 부르심을 확인하고 내 인생을 드리기로 결단했습니다. 그래서 나는 불같은 열정으로 사람들을 사랑해 보려고 애썼고 사람을 일깨워 사람을 돕는 아름다운 교회를 세워 보려 노력하였습니다. 그리고 자연스럽게 하나님과 더 깊은 만남 속에서 나의 껍질을 조금씩 벗게 되었고, 통합적 시각을 가진 성숙한 모습으로 나를 만나고 세울 수 있도록 하나님의 도움을 구했습니다.

3. 구원의 확신을 얻은 이후

하나님과의 만남이 있은 후 아버지와 화해를 시도했지만 충분하지는 않았습니다. 그 후 어린 시절 아버지가 나를 외면하고 학대한 이유에 대해 두 번이나 물어보았습니다. 그전까지 생기 있는 얼굴로 열심히 설명하시던 아버지는 갑자기 얼굴을 숙이며 아무 말씀도 하지 않으셨습니다. 이것은 아버지 나름대로의 후회와 미안함이라고 생각하게 되었습니다.

그 후 아버지와 따뜻한 마음을 나누다가 1993년에 아버지는 먼저 천국으로 부르심을 받으셨습니다. 나는 잔잔히 남는 후회와 안타까움을 가슴에 안았습니다. 그러나 감사와 사랑의 마음으로 아버지를 보내 드렸습니다.

나는 지금까지 많은 시간들을 목회와 영혼 양육에 내 인생을 쏟아 부었습니다. 나는 내가 경험한 하나님의 은혜와 이 축복들을 나누기 위해 죽기를 다해 영혼들을 섬겼습니다. 내게 있어 하나님 다음으로 귀한 것은 사랑하는 한밀 교회 성도들입니다. 이들은 나의 삶이요, 나의 가족이요, 나의 자랑이요, 나의 기쁨입니다. 내 인생의 중간결산은 이들을 만나고 얻은 것입니다. 이제 내 인생의 궁극적 비전은 이 시대를 이끄는 하나님의 사람들을 키우는 것입니다. 나는 이 일을 위해 살고 이 일을 위해 죽을 것입니다. 오늘도 나는 기쁨과 행복, 감사와 나눔의 마음으로 주님의 뒤를 따르려 애쓰고 있습니다.

오 주여! 이 죄인 천국 가는 그날까지 이 사명 감당하도록 내 영혼에 긍휼을 베풀어주옵소서.

구원 간증문 쓰기

이 름 :

1. 예수 그리스도를 믿기 전의 나의 생활

2. 예수 그리스도를 영접하게 된 구체적인 경위

3. 예수 그리스도를 영접한 후 나에게 일어난 변화와 지금 예수 그리스도가 나에게 주는 의미

6강
구원의 즐거움

시작하며

어느 아름다운 달밤, 호수에 눈부실 듯 빛나는 은빛 보름달이 찬란하게 비치고 있었습니다. 그런데 느닷없이 돌멩이 하나가 연못에 던져졌습니다. 보름달은 순식간에 일그러져 버렸습니다. "달이 산산조각 나버렸군." 하고 중얼거리는 친구에게 한 친구가 응수했습니다.

"달이 깨지다니, 무슨 소릴 하고 있나? 눈을 들어 하늘을 보게. 달의 모습은 조금도 변한 것이 아닐세. 변했다면 연못 속에 비쳤던 달의 모습에 불과하지, 안 그런가?"

당신의 마음은 이 연못과도 같습니다. 아무 장애물이 없으면 성령님을 통하여 하나님께서 위로와 기쁨과 평안을 당신의 심령에 비쳐 주십니다. 그러나 당신의 마음속에 죄악의 돌멩이가 떨어지는 순간, 이전의 모든 평안과 기쁨은 사라지고 당신의 마음은 흔들리게 됩니다. 이때 당신은 하나님을 근심케 한 죄들을 자백하고 다시 원래 상태로 돌이키셔야 합니다. 그때에 구원의 즐거움은 회복됩니다. 당신의 구원은 당신을 위해서 이미 이루어 주신 그리스도의 공로에 달려 있는 것으로 안전합니다. 그러기 때문에 구원의 확신은 성경을 통하여 당신에게 약속해 주신 하나님의 말씀에 달려 있는 것으로 절대 변하지 않습니다.

그러나 구원의 기쁨은 주께서 합당히 여기는 대로 살 때, 아름다운 신앙생활을 통해 성령님을 기쁘시게 할 때 오는데 이것은 당신의 책임입니다. 거듭난 하나님의 자녀로서 성령님을 근심시키는 일을 저질렀을 때는 하나님 아버지와의 교제가 중단됩니다. 그렇다고 해서 그리스도의 보혈로 맺어진 부자간의 관계가 무효화되는 것은 결코 아닙니다.

1. 구원의 즐거움

생명의 길을 발견한 사람은 무엇을 느낍니까?

♥ 주께서 생명의 길을 내게 보이시리니 주의 앞에는 충만한 기쁨이 있고 주의 오른쪽에는 영원한 즐거움이 있나이다(시편 16:11)

주의 앞 :

주의 우편 :

예수님은 제자들에게 무엇을 약속했습니까?

♥ 내가 이것을 너희에게 이름은 내 기쁨이 너희 안에 있어 너희 기쁨을 충만하게 하려 함이라(요한복음 15:11)

이 약속은 실현되었습니까?

♥ 날마다 마음을 같이하여 성전에 모이기를 힘쓰고 집에서 떡을 떼며 기쁨과 순전한 마음으로 음식을 먹고(사도행전 2:46)

♥ 그 성에 큰 기쁨이 있더라(사도행전 8:8)

♥ 제자들은 기쁨과 성령이 충만하니라(사도행전 13:52)

2. 구원의 즐거움이 상실되는 이유

많은 크리스천들은 이 즐거움이 환경이나 어떤 외부적인 것 때문에 사라진다고 생각합니다. 옥에서 순교를 앞에 둔 바울은 무엇을 고백했으며, 또 권했습니까?

♥ 만일 너희 믿음의 제물과 섬김 위에 내가 나를 전제로 드릴지라도 나는 기뻐하고 너희 무리와 함께 기뻐하리니 이와 같이 너희도 기뻐하고 나와 함께 기뻐하라(빌립보서2:17-18)

사도들이 기뻐했던 때는 언제였습니까?

♥ 그들이 옳게 여겨 사도들을 불러들여 채찍질하며 예수의 이름으로 말하는 것을 금하고 놓으니 사도들은 그 이름을 위하여 능욕 받는 일에 합당한 자로 여기심을 기뻐하면서 공회 앞을 떠나니라(사도행전 5:40-41)

다윗이 영적인 신음을 느끼며 고통스러워 한 때는 언제입니까?

♥ 내가 입을 열지 아니할 때에 종일 신음하므로 내 뼈가 쇠하였도다(시편 32:3)

다윗은 범죄하였을 때 무엇을 잃어버렸습니까?

♥ 주의 구원의 즐거움을 내게 회복시켜 주시고 자원하는 심령을 주사 나를 붙드소서(시편 51:12)

성도가 범죄하게 되면 하나님과의 원만한 영적 교제가 중단되고 구원의 즐거움을 누릴 수 없게 됩니다. 기억하십시오. 구원의 기쁨이 사라지는 유일한 이유는 죄입니다. 결코 우리의 환경, 또는 돈, 권세, 지식, 건강이 부족해서 오는 것이 아닙니다. 온전한 영적 교제 속에 있는 크리스천은 그 어떤 환경 속에서도 기쁨이 충만합니다. 그러나 영적 교제가 단절된 범죄한 영혼은 그 어떠한 안락한 환경 속에서도 기쁨이 있을 수 없습니다.

3. 구원의 즐거움 회복하기

많은 사람들은 죄와 죄책감으로부터 그저 도피하려고만 합니다. 도피의 유형은 다음의 4가지가 있습니다.

① 전가 : 남에게 그 책임을 뒤집어 씌움.

② 합리화 : 전가할 수 없을 때, 혹은 전가했어도 죄책감이 사라지지 않을 때, 스스로 자기변명을 하는 것.

창세기 3:12의 아담의 말 속에서 이 두 가지 태도를 찾아보십시오.

♥ 아담이 이르되 하나님이 주셔서 나와 함께 있게 하신 여자 그가 그 나무 열매를 내게 주므로 내가 먹었나이다(창세기 3:12)

전 가 :

합리화 :

③ 보상 : 전가, 합리화로도 죄가 해결되지 않을 때 물질이나 어떤 다른 행동으로 그 죄를 보상하려는 행위.

창세기 32:20의 야곱의 행위 속에서 이 태도를 찾아보십시오.

♥ 또 너희는 말하기를 주의 종 야곱이 우리 뒤에 있다 하라 하니 이는 야곱이 말하기를 내가 내 앞에 보내는 예물로 형의 감정을 푼 후에 대면하면 형이 혹시 나를 받아 주리라 함이었더라(창세기 32:20)

④ 망각 : 위의 3가지 방법으로도 해결 안 될 때 아예 잊어버리려고 하는 태도.

본디오 빌라도는 물을 가져다 손을 씻으며 “이 사람의 피에 대하여 나는 무죄하니 너희가 당하라.”라고 말하며 예수님의 처형에 대하여 책임을 유대인들에게 전가시켰습니다(마태복음 27:24). 그는 아마 ‘이 일에 대하여 나는 책임이 없어. 그렇지 않으면 반란이 일어났을거야. 어쩔 수 없는 환경이었어.’라고 하며 그 후에도 수십번 씩 자기 합리화(변명)를 하였을 것입니다.

그러나 그는 평안이 없었습니다. 그는 로마 황제 티베리우스에게 보낸 최후의 탄원서 속에서 "폐하여, 저는 제가 유대 총독으로 임명되던 그 날을 저주하고 싶습니다."라고 고백함으로써 그가 일생동안 죄에 시달려 왔음을 알 수 있습니다. 그는 최후에는 자기의 목숨으로 보상하려고 자살까지 하였습니다. 그는 전가, 합리화, 보상의 모든 시도를 하여 보았지만 죄를 해결할 수 없었으며 결코 생의 평안을 맛볼 수 없었습니다.

멕베드 부인(세익스피어의 희곡 '멕베드' 중의 여주인공)은 남편의 출세를 위하여 자신의 손에 피를 묻히며 왕을 단검으로 살해했습니다. 그 후에 그녀는 자기의 범죄를 잊으려고 애쓰다가 드디어 노이로제 증상을 일으켜 몽유병자가 되었습니다. 그녀는 항상 두 손을 씻는 흉내를 내며 "이 피, 이 피"라고 중얼거리며 돌아다니다가 최후를 마칩니다.

위의 것들은 무엇을 보여줍니까? 죄를 회피하려는 태도-전가, 합리화, 보상, 망각의 태도-는 죄에 대한 진실한 해결책이 아닙니다. 왜냐하면 "죄는 피부병이 아니라 가슴 속 심장의 질병이기 때문입니다." 죄는 숨기고 피할수록 그 병은 깊어져갑니다.

고백이야말로 죄에 대한 유일한 해결책입니다. 성경은 무엇을 약속합니까?

♥ 만일 우리가 우리 죄를 자백하면 그는 미쁘시고 의로우사 우리 죄를 사하시며 우리를 모든 불의에서 깨끗하게 하실 것이요(요한일서 1:9)

생활에의 적용

① 당신이 생활하면서 지은 모든 죄가 생각나도록 성령님께 간절히 기도하십시오.

② 성령님께서 깨닫게 해 주시는 모든 죄를 종이 위에 적은 후에 한 가지씩 하나님께 고백하십시오.

③ 모든 죄를 고백한 후에 요한일서 1장 9절의 말씀을 목록 위에 대각선으로 쓰십시오.

④ 사람에게 범한 죄는 찾아가서 고백하고 용서함을 받으십시오.

⑤ 목록을 찢어 버리고 당신의 모든 죄를 용서해주신 하나님께 감사하십시오.

4. 나는 하늘나라에 가고 있는가?

검토 : 당신이 죽은 후에 하늘나라에 갈 수 있다는 소망을 어디에 근거를 두고 있는지 아래에서 그 항목을 찾아 0표 하시오.

① 십계명을 잘 지키려고 노력하면 된다.

② 구제하는 일을 열심히 하면 된다.

③ 모든 일에 최선의 노력을 하면 된다.

④ 선한 생활을 하면 된다.

⑤ 선한 사업을 하면 된다.

⑥ 황금율을 잘 지키려고 노력하면 된다.

⑦ 십일조나 교회에 헌금을 잘 하면 된다.

⑧ 교회의 교인 명부에 등록하면 된다.

⑨ 정기적으로 교회에 출석하면 된다.

⑩ 기도하면 된다.
⑪ 금식하면 된다.
⑫ 세례를 받으면 된다.
⑬ 성찬식에 참석하면 된다.
⑭ 기독교인 부모에게서 태어나면 된다.
⑮ 학습이나 견신례를 받으면 된다.
⑯ 고행을 하면 된다.
⑰ 경건하게 종교생활을 하면 된다.

위의 것 중 어느 하나도 당신의 구원을 위한 참된 근거는 되지 못합니다. 구원의 비결은 오직 주 예수 그리스도를 개인적으로 믿는데 달려 있습니다.

"주 예수를 믿으라 그리하면 너와 네 집이 구원을 받으리라(사도행전 16:31)"
"아들을 믿는 자에게는 영생이 있고(요한복음 3:36)"

사람은 죄인이기에 선행이나 선한 성품이나 개인적 노력이나 어떠한 것으로도 하늘나라에 갈 수 없습니다. 구원의 유일한 소망은 갈보리 십자가 위에서 예수 그리스도께서 완성하신 일에 달려 있습니다. 죄인이 구주를 의지할 때에 그는 구원을 얻으며 하나님의 말씀의 권위에 따라 약속의 하늘나라가 보증됩니다.

마치며

초대 교회 신자들은 지하 묘지에서 만날 때 다음의 예화를 즐겨 이야기했습니다.

한 처녀를 미칠 듯이 사랑하는 한 총각이 있었습니다. 그 처녀도 그를 열렬히 사랑하였습니다. 어느 날, 너무도 견딜 수 없는 열정에 빠진 그는 처녀의 집을 두들기며 들어가게 해달라고 요청하였습니다. 처녀가 그에게 물었습니다.

"당신은 누구신가요?" 그가 대답했다.

"나요(It's me)."

그러자 그녀는 대답했습니다.

"이 방은 좁아요. 한 사람밖에 살 수 없어요. 가세요."

청년이 슬픔을 이길 수 없어 세상을 떠돌아 다녔습니다. 그는 왜 처녀가 자신을 거절했는지 알 수가 없었습니다. 그러던 중 한 깨달음이 왔습니다. 다시 그는 그녀의 문을 두드렸습니다.

"누구세요?"

그녀가 물었습니다.

"당신입니다(It's you)."

그가 대답했습니다.

그러자 문이 열리고 그 연인은 뛰어나와 그를 껴안으며 "당신의 그 대답을 오랫동안 기다렸어요."라고 말했습니다.

크리스천이란 말은 그리스도(Christ)와 인간(Man)이란 두 단어의 합성어입니다. 즉 크리스천이란 '그리스도와 바로 당신의 결합'입니다. 나는 "내가 아니라 바로 그리스도"이어야만 합니다.

천국은 결코 넓지 않습니다. 천국은 이 우주에서 가장 좁은 곳입니다.

그 곳에는 다만 한 분만이 있을 수가 있습니다. 그분과 하나가 된 사람들만이 그 곳에 들어갈 수가 있습니다.

"누구요?"라고 묻는 예수님의 질문에 "예수요(It's Jesus)."라고 당신은 대답할 수 있습니까?

세익스피어는 말했습니다. "사랑의 세계에서는 수(數)가 암살당했다." 사랑하는 사람들은 언제나 그 영혼과 마음이 하나입니다. 성부 아버지와 그리스도가 하나인 것처럼, 신자와 그리스도는 하나입니다. 이것이 성경의 약속이요, 보증입니다. 우리의 생활에서도 "그"와 "나"의 구분이 없어져야 합니다. 당신의 생활에도 그와 당신은 일치하고 있습니까? 사랑은 복수와 공존할 수 없습니다.

위대한 정복자 알렉산더 대왕의 부하 중에 알렉산더라는 이름을 가진 한 겁쟁이가 있었습니다. 병사 알렉산더에게 대왕 알렉산더가 말했습니다.

"그 이름을 버리든지, 아니면 용감하든지 하라."

그리스도께서도 현재 크리스천이라고 불리우는 당신에게 이렇게 말씀하십니다.

"그 이름을 버리든지, 아니면 용감하든지 하라."

＊ 본 강을 통해 얻은 깨달음은 무엇인지요?

부록

신앙생활에 도움이 되는 내용

이 내용은 웨스트민스터 소요리문답을 중심으로 정리한 것입니다.

1. 사람의 첫째되는 목적

사람의 제일되는 목적은 하나님을 영화롭게 하는 것과 영원토록 하나님을 즐거워하는 것입니다.

2. 하나님께서 주신 규칙(말씀)

신구약 성경에 기재된 하나님의 말씀은 어떻게 우리가 그를 영화롭게 하고 즐거워할 것인가를 지시하는 유일한 규칙입니다.
성경이 제일 요긴하게 교훈하는 것은 사람이 하나님에 대하여 어떻게 믿을 것과 하나님께서 사람에게 요구하시는 것이 무엇인지 아는 것입니다.

3. 하나님에 대하여

하나님은 영이신데 그의 존재하심과 지혜와 권능과 거룩하심과 공의와 인자하심과 진실하심이 무한하시며 무궁하시며 불변하십니다. 하나님 외에 또 다른 신은 없으며 하나님은 한 분뿐이시니 참되시며 살아 계신 하나님이십니다. 하나님의 신격에는 삼위(三位)가 계시니 성부와 성자와 성령이신데 이 삼위(三位)는 한 하나님이시며 본체(본질)는 하나이고, 권능과 영광은 동등하십니다.

4. 사람의 창조

하나님께서 사람을 남녀로 지으시되 자기의 형상대로 지식과 공의와 거룩함이 있게 지으셨고, 모든 생물을 주관하게 하셨습니다. 하나님께서 사람을 창조하신 후에 완전히 순복하는 것을 조건으로 삼아 생명의 언약을 맺고 선악을 분별하는 나무의 실과를 먹는 것은 사망의 벌로써 금하셨습니다(행위언약).

5. 죄에 대하여

죄는 하나님의 법을 순종하지 않거나 어기는 것입니다. 인류의 조상인 아담의 타락은 인류로 하여금 죄와 비참한 처지가 되게 하였습니다. 어떠한 죄는 그 본질과 여러 가지 얽힌 문제들이 있으므로 하나님 앞에서 다른 죄보다 더 악한 것이 있습니다. 범한 죄마다 받을 보응은 이 세상과 오는 세상에서 하나님의 진노와 저주입니다. 우리가 죄를 인하여 하나님께 마땅히 받을 진노와 저주를 피하게 하려고 하나님이 우리에게 요구하시는 것이 있습니다. 그것은 예수 그리스도를 믿는 것과 생명에 이르는 회개와 그리스도가 우리에게 구속의 유익을 전하는 여러 가지 나타내는 방법(은혜의 수단들 = 말씀, 성례, 기도)을 힘써 수행하라는 것입니다.

6. 예수 그리스도에 대하여

하나님의 아들 그리스도께서 사람이 되신 것은 참(실제적인) 몸과 지각있는(이성있는) 영혼을 취하사 성령의 권능으로 동정녀 마리아를 통해 잉태되어 탄생하셨으나 죄는 없으십니다.

그리스도께서는 우리의 구속자가 되십니다. 예수 그리스도를 믿는 것은 곧 구원 얻는 은혜인데 말씀을 통해서 우리에게 주신대로 구원을 얻기 위하여 우리가 예수를 영접하고 그에게만 의지하는 것입니다.

7. 하나님과 예수님 그리고 성령님의 관계

성경은 하나님에 대해 하나님은 한 분이시라고 말씀하십니다. 그러면서 이런 하나님에 대해 "그러므로 너희는 가서 이 세상 모든 사람들을 제자로 삼고 아버지와 아들과 성령의 이름으로 그들에게 세례를 주어라"(마태복음 28:19)라는 대입(大任) 명령과, "주 예수 그리스도의 은혜와 하나님의 사랑과 성령의 교통하심이 너희 무리와 함께 있을지어다"(고린도후서 13:13)라는 사도 바울의 축복을 통해 성부 하나님과 성자 하나님 그리고 성령 하나님에 대해 알려주고 있습니다. 그러면 하나님은 세 분이신가? 한 분이신가? 이러한 의문에 대해 예수님은 "내가 아버지 안에 있고 아버지가 내 안에 계시다"(요한복음 14:10)라고 설명해 주셨습니다. 즉 성부와 성자와 성령은 온전히 구별되는 동시에 온전히 동일한 본성을 지니신다고 가르쳐 주신 것입니다. 인간의 이성으로 온전히 이해할 수 없지만 성경의 가르침에 따라 이러한 교리를 '삼위일체'라는 말로 표현합니다.

8. 신자의 죽음과 부활

신자가 죽을 때에 그 영혼이 완전히 거룩하게 되어 즉시 영광 중에 들어가고 그 몸은 여전히 그리스도께 연합하여 부활할 때까지 무덤에서 쉬게 됩니다.

신자가 부활할 때에는 영광 중에 다시 살아남을 입어 심판 날에 하나님으로부터 인정과 죄 없다 하심을 받고 완전히 복을 받아 영원토록 하나님을 흡족하게 즐거워하는 것입니다.

9. 십계명에 대하여

십계명의 대강령은 우리의 마음을 다하고 성품을 다하고 뜻을 다하고 힘을 다하여 주 우리 하나님을 사랑하고 또 이웃 사랑하기를 자기 몸 같이 하라 하신 것입니다(마태복음 22:37-40).

십계명의 서문은 "나는 너를 애굽 땅, 종 되었던 집에서 인도하여 낸 너희 하나님 여호와로라." 로서 십계명의 서문이 우리에게 가르치는 것은 하나님께서 우리의 주가 되시고 또한 우리의 하나님이 되시고 또 우리의 구속자가 되시므로 우리는 당연히 그의 모든 계명을 지켜야한다는 것입니다.

- 제1계명 **너희는 나 외에는 다른 신들을 네게 두지 말라.** 제1계명이 우리에게 명하는 것은 하나님은 유일한 참 신이 되심과 우리의 하나님이 되심을 알고 인정하여 그에게 경배하며 영화롭게 하라는 것입니다.

- 제2계명 **너를 위하여 새긴 우상을 만들지 말고 또 위로 하늘에 있는 것이나 아래로 땅에 있는 것이나 땅 아래 물 속에 있는 것의 어떤 형상도 만들지 말며 그것들에게 절하지 말며, 그것들을 섬기지 말라.** 제2계명을 지키라 하신 이유는 하나님이 우리의 주권자가 되시며, 우리의 소유주가 되시며, 홀로 자기에게만 경배하는 것을 바라시기 때문입니다.

- 제3계명 **너는 네 하나님 여호와의 이름을 망령되게 부르지 말라.** 제3계명을 지키라 하신 이유는 이 계명을 범하는 자가 비록 사람에게는 형벌을 피할지라도 주 우리 하나님은 저희로 하여금 그 의로우신 심판을 피하지 못하게 하시기 때문입니다.

- 제4계명 **안식일을 기억하여 거룩하게 지키라.** 안식일을 거룩하게 하는 것은 그날 종일을 거룩하게 쉼으로 할 것이니 다른 날에 합당한 여러 가지 세상일과 오락까지 그치고 그 시간을 공적, 사적 예

배에 바쳐 사용할 것이요, 그 외에는 부득이한 일과 자선 사업(구제)에 관한 일에 사용할 수 있는 것입니다.

- 제5계명 **네 부모를 공경하라**. 제5계명을 지키라 하신 이유는 이 계명을 지키는 모든 자에게 하나님께 영광이 되고 자기 자신들에게 장수하고 번영하는 복을 주시겠다고 약속을 하셨기 때문입니다.

- 제6계명 **살인하지 말라**. 제6계명에 금하는 것은 불의하게 우리의 생명이나 이웃의 생명을 빼앗거나 해하는 일들입니다.

- 제7계명 **간음하지 말라**. 제7계명에서 금하는 것은 모든 깨끗치 못한 생각과 말과 행동입니다.

- 제8계명 **도둑질하지 말라**. 제8계명이 명하는 것은 합법적인 방법으로 재물과 산업을 얻고 또 증진하게 하라 하는 것입니다.

- 제9계명 **네 이웃에 대하여 거짓 증거하지 말라**. 제9계명이 명하는 것은 특히 증거할 때에 피차 진실함과 또 우리와 이웃의 명예를 보존하며 증진하게 하라 하는 것입니다.

- 제10계명 **네 이웃의 집을 탐내지 말라**. 제10계명이 명하는 것은 우리 처지를 만족히 여기며 이웃과 그 있는 모든 것에 대하여 의롭고 사랑하는 마음을 품으라 하는 것입니다.

10. 성례에 대하여

성례는 그리스도께서 세우신 거룩한 예식인데 그리스도와 그 새 언약의 유익을 깨닫는 사람들에게 보여지는 표로써 지명하여 인치신 자들에게 적용하는 것입니다. 신약의 성례는 세례와 성찬입니다. 세례는 물을 가지고 성부와 성자와 성령의 이름으로 씻는 성례인데 우리가 그리스도에게 접붙임됨과 은혜언약의 모든 유익에 참여함과 주님의 사람이 되기로 약속함을 표시하여 인치는 것입니다. 세례는 교회 밖에 있는 불신자들에게는 베풀지 않으며 불신자들이 그리스도를 믿고 그에게 복종하겠다는 고백을 할 때 비로소 베푸는 것이요, 또 입교한 자의 자녀에게 베푸는 것입니다.

주의 성찬은 그리스도의 정하신 대로 떡과 포도주를 주며 받는 것으로 그 죽으심을 나타냄입니다. 합당하게 받는 자들은 육체의 정욕으로 참여함이 아니요, 믿음으로써 예수님의 몸과 피에 실제적으로 참여하여 신령한 양식을 먹고 은혜 속에서 자라가는 것입니다. 주의 성찬에 합당하게 참여하려면 마땅히 주님의 몸을 분별할 줄 아는 것과 주님을 양식으로 삼는 믿음과 회개와 사랑과 복종할 새로운 각오가 자기들에게 있는지 없는지 스스로 살펴야 합니다.

11. 하나님을 믿으면 왜 교회생활을 해야 하는가?

하나님을 믿는 사람은 함께 모여 교회생활을 해야 합니다. 교회란 건물이나 장소가 아닌 하나님을 믿는 사람들의 모임이기 때문입니다. 하나님의 나라가 어디에 있느냐고 제자들이 물었을 때 예수님께서는 "너희 가운데" 즉 너희들이 모여 있는 그 사이에 있다고 대답해 주셨습니다. 또한 두 세 사람이 예수님의 이름으로 모였을 때 주께서 함께 하실 것이라고 하셨습니다.(마태복음 18:5)

하나님을 믿으면 교회생활을 해야 하는 또 다른 이유는 하나님께서 하나님의 일을 하실 때는 교회 즉 믿는 사람들의 모임을 통해서 일하시기 때문입니다. 그러므로 하나님을 개인적으로만 믿고 교회생활을 하지 않겠다는 것은 하나님과 관계없는 삶을 살겠다는 것과 다르지 않습니다. 또한 성경은 모든 믿는 사람들을 일컬어 그리스도의 몸이라고 이야기 합니다. 모두가 한 몸으로서의 정체성을 가졌다는 것입니다. 교회를 부인하고 떠나는 것은 자신이 생명과 공동체의 생명에 치명상을 주는 일이 될 것입니다.

그렇다고 신앙생활에서 하나님과의 개인적인 만남이 필요 없는 것은 아닙니다. 예수님도 새벽미명에 혹은 밤새 홀로 하나님께 기도하면서 깊은 교제를 나누었으며 신앙인이라면 모두 기도의 골방이 필요합니다. 개인적인 신앙생활과 교회생활은 반드시 조화를 이뤄야 합니다.

12. 왜 헌금을 하는가?

헌금을 드리는 이유는 대략적으로 다음과 같습니다.

모든 물질은 하나님께서 주신 것이며 헌금은 그것을 고백하는 의미를 지닙니다. 그래서 교회는 아브라함이 거룩한 하나님의 제사장 멜기세덱에게 재산의 1/10을 드리고, 야곱이 자신의 소유 중 1/10을 드리겠다는 서원 이래로 자신의 소득의 1/10을 드리는 십일조 생활을 전통적으로 이어오고 있습니다. 바른 헌금생활은 물질을 통해 자신을 하나님께 드리는 것입니다. 하나님은 이러한 사람을 축복하십니다.

1) **하나님께서 주신 은혜에 대한 감사의 표시**(신명기 16:15-17)
2) **하나님께 드리는 헌신의 표시**(역대상 29:16)
3) **자기의 보물을 하늘에 쌓아두는 믿음의 표현**(마태복음 6:20)
4) **하나님께로부터 받은 것을 하나님께 드린다는 의미**(마태복음 22:21)
5) **하나님을 기쁘시게 하는 향기로운 제물**(빌립보서 4:18)
6) **주의 사업에 참여하는 의미**(고린도후서 8:4)

헌금을 드리는 사람의 자세가 중요합니다. 미리 준비해야하며, 억지로 하지 말고, 즐겨 내되 후하게 하며 정성된 마음으로 드려야 합니다. 뿐만 아니라 겸손하게 드리며, 첫 것을 구별하여 드리고, 정결한 것으로 온전히 드리며 믿음으로 드려야 합니다. 헌금은 목적에 따라 여러 종류의 헌금이 있습니다.

13. 아멘의 뜻

이 말의 기본적인 뜻은 '굳게 하다', '고정시키다', '확신하다'이며, 이와 관련된 히브리어 동사도 '의지할 만하게 되다', '믿을 만하게 되다'라는 뜻입니다. 아멘은 '그대로 이루어지기를 믿나이다' 라는 뜻입니다.

공식적으로든 개인적으로든 감사나 기도를 드린 사람이 그 내용을 요약 · 확증하기 위해 말 끝에 아멘을 붙이는 것은 다른 사람들이 아멘이라는 말로 응답하던 초기 관례에서 자연스럽게 발전했습니다. 고대에 유대인들은 기도를 마무리 지으려고 아멘을 썼으며, 시편과 신약성경에서도 흔히 볼 수 있습니다.

14. 주기도문에 대하여

하늘에 계신 우리 아버지,
아버지의 이름을 거룩하게 하시며 아버지의 나라가 오게 하시며, 아버지의 뜻이 하늘에서와 같이 땅에서도 이루어지게 하소서. 오늘 우리에게 일용할 양식을 주시고, 우리가 우리에게 잘못한 사람을 용서하여 준 것 같이 우리 죄를 용서하여 주시고, 우리를 시험에 빠지지 않게 하시고, 악에서 구하소서. 나라와 권능과 영광이 영원히 아버지의 것입니다. 아멘.

기도는 그리스도의 이름으로 우리의 소원을 하나님께 고해 바치는 것을 말함입니다. 즉 그의 뜻에 합당한 것을 간구하고, 죄를 자복하며, 그의 자비하신 모든 은혜에 감사를 드리는 것입니다. 하나님의 모든 말씀이 우리의 기도를 지시함에 유용한 것이나 특별히 지시하신 것은 그리스도께서 제자들에게 직접 가르치신 기도로서 주기도문이라 하는 것입니다.

주기도문의 첫 말씀은 곧 "하늘에 계신 우리 아버지여"라는 것인데, 이 구절은 언제라도 우리를 도와주실 능력이 있는 아버지에게 나아가는 자녀들처럼 거룩한 모든 공경심과 확신을 가지고 우리가 하나님께 가까이 나아갈 것과 우리는 다른 사람과 함께 기도해야 하며, 또한 다른 사람을 위하여 기도하라고 가르치신 것입니다.

주기도문의 첫 기도는 곧 "이름을 거룩하게 하옵소서"라는 것인데, 이것은 하나님께서 자기를 나타내시는 모든 일에 우리와 다른 이로 하여금 능히 하나님을 영화롭게 하고 또 모든 것을 하나님의 영광에 이를 수 있도록 처리해 주시기를 간구하는 것입니다.

주기도문의 둘째 기도는 "나라이 임하옵소서"라는 것인데, 이것은 사탄의 나라가 멸망하고 은혜의 나라가 흥왕하여 우리와 다른 사람으로 하여금 그리로 들어가 항상 있게 하시고 또 영광의 나라가 속히 임하게 하여 주시기를 구하는 것입니다.

주기도문의 셋째 기도는 "뜻이 하늘에서 이룬 것같이 땅에서도 이루어지이다"라는 것인데, 이것은 하나님께서 은혜를 베푸시사 우리로 하여금 능히 자원하는 마음으로 범사에 그의 뜻을 알아 순종하며 복종하기를 하늘에서 천사들이 그렇게 하는 것과 같이 하게 하옵시기를 구하는 것입니다.

주기도문의 넷째 기도는 "오늘날 우리에게 일용할 양식을 주옵소서"라는 것인데, 이것은 하나님의 은혜로써 이 세상에서 여러 가지 좋은 것 중에 필요한 부분을 받게 하시며 아울러 그의 축복을 누리게 해 주실 것을 간구하는 것입니다.

주기도문의 다섯째 기도는 "우리가 우리에게 죄 지은 자를 사하여 준 것같이 우리의 죄를 사하여 주옵소서"라는 것인데, 이것은 하나님께서 그리스도를 인하여 우리의 모든 죄를 값없이 용서하여 주실 것을 비는 것으로, 우리가 그의 은혜를 힘입어 우리가 진심으로 다른 사람들을 능히 용서하여 줄 수 있기 때문에 우리는 이것을 더욱 구할 담력을 가지게 되는 것입니다.

주기도문의 여섯째 기도는 "우리를 시험에 들게 하지 마옵시고 다만 악에서 구하옵소서"라는 것이니 이는 하나님께서 우리가 범죄에 이르는 시험을 당하지 않도록 해 주시거나, 시험을 당하였을 때에 우리를 보호하여 구원해 주시기를 구하는 기도입니다.

주기도문의 마지막 말씀은 "대개 나라와 권세와 영광이 아버지께 영원히 있사옵나입니다. 아멘"하는 것이니 이는 우리로 하여금 기도할 때 오직 하나님에게서만 힘을 얻고, 또한 기도할 때에 나라와 권세와 영광을 오직 하나님께만 돌리면서 찬송하라고 가르치는 것이며, 또한 우리의 소원을 들어 주실 확증의 표로서 우리는 아멘 하는 것입니다.

15. 사도신경에 대하여

나는 전능하신 아버지 하나님, 천지의 창조주를 믿습니다.
나는 그의 유일하신 아들, 우리 주 예수 그리스도를 믿습니다.
그는 성령으로 잉태되어 동정녀 마리아에게서 나시고,
본디오 빌라도에게 고난을 받아 십자가에 못 박혀 죽으시고,
장사된 지 사흘 만에 죽은 자 가운데서 다시 살아나셨으며,
하늘에 오르시어 전능하신 아버지 하나님 우편에 앉아 계시다가,
거기로부터 살아 있는 자와 죽은 자를 심판하러 오십니다.
나는 성령을 믿으며, 거룩한 공교회와 성도의 교제와
죄를 용서받는 것과 몸의 부활과 영생을 믿습니다. 아멘.

사도신경은 사도들이 활동하던 초대교회 당시부터 성도의 신앙고백으로 사용되었습니다. 이는 사도들의 바른 신앙이 전승된 것이기 때문입니다. 초대 교회 때부터 오늘날에 이르기까지 계속 사도신경을 사용하고 있는 까닭은 다음과 같습니다.

첫째, 방대한 기독교의 구원 진리를 간결한 형태로 정리해 일관성 있는 진리를 사람들에게 교육하기 위해서이다.

둘째, 기독교의 순수성을 해치는 이단의 그릇된 견해를 분별하는 기준을 마련하기 위해서이다.

셋째, 성도들로 하여금 항상 바른 신앙을 고백케 함으로써 자신의 신앙을 되돌아보며 신앙을 향상시키기 위해서이다.

이처럼 사도신경은 성경에 입각하여 기독교의 구원 진리를 일목요연하게 요약한 역사성을 지닌 신앙고백입니다. 실로 성경의 축소판이라고 할 수 있는 사도신경을 깊이 음미한다면 큰 신앙의 성장을 이룩할 수 있을 것입니다.

저자소개

심 수 명 (Ph.D., D.Min.)

한밀교회를 개척하여 상담목회를 적용하고 있는 저자는 상담 전문가이며 신학과 심리학, 상담과 목회현장을 아우르는 학자이며 목회자입니다. 저자는 치유와 훈련, 목회를 마음에 품고 한 영혼의 전인적인 돌봄, 부부관계 회복, 비전있는 자녀교육, 건강한 교회 세움, 상담전문가 양성 등에 헌신해 왔습니다. 그 노력의 일환으로 제자훈련 시리즈, 목회를 위한 교재, 상담 훈련용 교재들을 출판해 왔습니다.

"기독교상담적 관점에서 본 정신역동상담"이 문화체육관광부 우수학술도서로 선정되고, [목회와 신학]에서 한국교회 명강사(상담분야)로 선정되는 등 한국교회와 사회에 영향력을 끼쳐 왔습니다.

안양대와 총신대(신학), 고려대(석사, 상담심리)와 미국 풀러신대에서 목회상담학 박사와 국제신대에서 상담학 철학박사 학위를 취득하였습니다.

상담자격은 한국 목회상담협회 감독, 한국 복음주의 기독교상담학회 감독상담사, 한국 기독교 상담 및 심리치료학회 상담전문가, 한국 가족상담협회 수련감독으로 활동 중입니다.

여성부 정책자문위원으로 활동했으며, 오랫동안 국제신대 상담학 교수로 사역했습니다. 현재 한기총 다세움상담대학원 원장, (사)한국인격심리치료협회 대표로 일하고 있습니다.

〈대표저서〉

상담목회(도서출판 다세움), 인격치료(학지사), 한국적 이마고 부부치료(도서출판 다세움), 그래도 삶은 소중합니다(도서출판 다세움), 정신역동상담(도서출판 다세움)외 다수.

이메일

soomyung2@naver.com

연락처

한밀교회 (02)2605-7588, www.hanmil.or.kr

(사)한국인격심리치료협회 (02)2601-7422~4

- **교육/상담훈련** 인생을 축제처럼
  인격치료」(학지사)
  그래도 삶은 소중합니다
  상담의 과정과 기술
  정신역동상담
  감수성 훈련 워크북
- **목회와 설교집** 인격목회
  상담목회
  상담적 설교의 이론과 실제
  감사하면 행복해집니다
  사랑하면 행복해집니다
- **비전 시리즈** 비전과 리더십
  비전의 사람들
  세상을 변화시키는 리더십과 팔로워십
- **소그룹훈련** 의사소통 훈련
  인간관계 훈련
  거절감 치료
  분노치료
  행복 바이러스
  성령의 능력으로 사는 그리스도인
  감수성 훈련 워크북
- **결혼/가정사역** 한국적 이마고 부부치료
  부부심리 이해
  행복결혼학교
  아버지학교
  어머니학교
  위대한 부모 위대한 자녀
- **제자훈련** 1권. 제자로의 발돋움
  2권. 믿음의 기초
  3권. 그리스도와의 동행
  4권. 인격적인 제자로의 성장
  전인성숙을 위한 제자훈련 시리즈 인도자 지침서
- **새신자용교재** 새로운 시작